王渡 編著

改變應對態度，會讓你心想事成

態度 決定你的 前途 | 全集

Success depends on your attitude

詩人朗費羅曾說：「重要的不是你站在那裡，而是該往那個方向移動。」

的確，在變動不屬人生過程中，重要的並不是你現在所站的位置，而是你決定要往何處去。你的態度決定會定你的前途，不管前遭遇的是順境還是逆境，都要保持積極樂觀的態度，開創自己的前途。

不同的態度，造成不同的人生高度，也讓人走向不同的人生道路，未來會發生什麼事情，或許不是我們可以左右的，

但是，我們絕對可以藉由改變自己的態度，讓自己更快心想事成。

 ● 王　渡

相信自己，就能成就自己

 外在的形貌、性別甚至是年齡，都不會影響你我的成就與未來，因為影響成功的因素是我們的能力與自信。

詩人朗費羅曾經說：「重要的不是你站在那裡，而是該往那個方向移動。」

的確，在變動不羈人生過程中，重要的並不是你現在所站的位置，而是你決定要往何處去。你的態度決將會定你的前途，不管眼前遭遇的是順境還是逆境，都要保持積極樂觀的態度，開創自己的前途。

內心充滿著自卑感，或是習慣追隨別人步伐的人，從現在起，讓自己走出別人的眼眶吧！

每個人的心都是擺在各自的胸膛裡，唯一能給你信心的人，不是別人，而是你自己。

美國著名的心理醫師基恩博士，經常拿自己小時候親身經歷的一個小教事與病人們分享。

當基恩博士還是個孩子時，有一天和許多小孩一起在公園裡玩。這時，有個滿臉笑容的老伯伯，推著裝滿氣球的車子走

進公園。

當孩子們看見五彩繽紛的氣球，每個人的眼睛全都轉向老伯伯，公園裡的白人小孩更是一窩蜂地跑了過去，很快地，他們每個人的手上都有一顆隨風起舞的氣球。

孩子們拿著氣球，開心地在草地上奔跑、追逐，氫氣球在陽光的照耀下，更顯得耀眼美麗。

在白人孩子們的競逐與笑聲中，有個黑人小孩孤單地站在樹下，眼神裡充滿著羨慕，看著白人孩子們開心地嬉笑，卻不敢上前與他們一起玩。

直到白人孩子離開後，他才怯生生地走到老人身邊，以懇求的語氣說道：「請問，您可以賣一個氣球給我嗎？」

老人慈祥地點了點頭，口氣溫和地對黑人小孩說：「當然可以，你要什麼顏色的呢？」

孩子看著色彩豐富的各種氣球，接著吐了口氣，像決定一件重大事情一樣，慎重地說：「我要一個黑色的氣球。」

這讓滿臉皺紋的老人家覺得非常詫異，看了看眼前的黑人小孩，旋即便將黑色氣球填滿氫氣。

當黑人小孩開心地拿到氣球時，忽然小手一鬆，黑色氣球便在微風中冉冉升起，在藍天白雲的映襯下更顯亮眼。

老伯伯看著升起的黑色氣球，再看看眼前的這個黑人小男孩，終於明白了孩子的心理。他摸了摸孩子的頭說：「孩子！你要記住，氣球能不能升起，不是因為它的顏色或形狀，那全靠它內在的氫氣而高飛。」

這個黑人小孩明白地點了點頭，慧黠的雙眼裡更是充滿了自信，他正是後來著名的心理大師，基恩博士。

態度決定你的前途

　　人生最終會走向何處，完全取決於我們的生活態度，人生的苦樂，也在於我們用什麼態度做選擇。只要試著改變應對的態度，換個角度重新檢視，就可以輕鬆改變自己的前途。

　　從出生開始，小寶寶手上的指紋就幾乎是唯一的，沒有兩個人的指紋是相同的；從那一刻開始，每個人的生命價值也因人而異。

　　懂得自己的唯一性與獨特性的人，每天努力地為自己爭取機會，創造自己與眾不同的人生。不懂得自己為何而來的人，則習於跟隨別人的步伐，為別人而活，一不小心跟丟了，連前進的路怎麼走，都感到徬徨迷惘。

　　五彩氣球顏色雖然不同，但是它們全都能飛，因為它們都具有相同的內涵，只要充足了氫氣，不管紅色還是黑色，都能高升飛翔。

　　人未嘗不是如此，外在的形貌、性別甚至是年齡，都不會影響你我的成就與未來，因為影響成功的因素是我們的能力與自信。

　　相信自己能力的人，才可能獲得成功的機會，能肯定自己價值的人，成功才會是必然的結果。

1 PART 適度的壓力，就是最好的激勵

想要開發自我的潛能，

絕對不能只是讓自己相信「我是最棒的」，

相反的，你要不斷地提醒自己：

「我還不夠棒，我一定還能更棒！」

2 PART 埋怨越少，成功越早

叫嚷著不公平的人，

一輩子也不會覺得公平，

因為現實人生本來就不公平，

再怎麼埋怨，也無法使世界變得更合理。

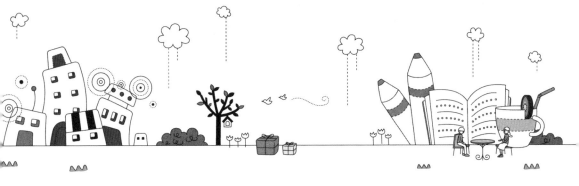

不要讓夢想變成空想

PART 3

人擁有夢想是值得嘉許的，
但是徒有夢想，沒有通往夢想的梯子，
便會淪為好高騖遠，不切實際。

享受巴掌帶來的好處

PART 4

不要埋怨生命裡曾經承受的每一巴掌，
因為蛻變是痛苦的，
但是蛻變之後的你，
才能變得更加耀眼奪目！

5

PART

誰說大象不會走鋼索？

只要有心，盡力就會創造奇蹟，
就連大象也可以走鋼索。
你又何必管別人怎麼說、怎麼想呢？

6

PART

有耐心的人，才能獲得最後勝利

沒有耐心，
只想以最快的速度達到目的的話，
結果不但會一無所得，
還白白浪費了自己的能力。

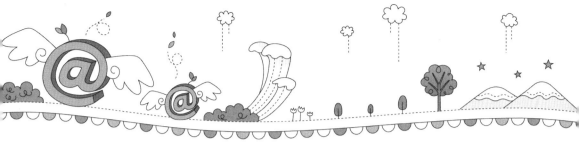

7

PART

別讓安全感阻礙了你的進步

如果你從來不做自己能力範圍以外的事，
也許你從來不會出錯，
但是你也因此缺少了讓自己更上一層樓的機會。

PART

別把「隨便」掛在嘴邊

發出自己的聲音，
勇敢說出自己的想法，
而不是看著屋簷上的夢想，
等著人們為你勾畫遙不可及的美夢。

PART 9 希望是自己最好的投資

每個人在歷練人生的過程裡，
不如意的遭遇是難免的，
在這個時候，希望就是幫你從
不如意的泥沼中掙脫的繩索。

PART 10 煩惱，都是因爲自己胡思亂想

如果我們在面對各種競爭時，
內心仍然可以優游自得的話，
那無論外在環境如何變遷，
我們自然就能以冷靜的態度來面對。

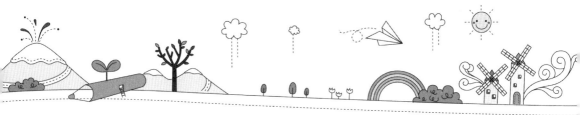

11
PART

為自己製造貴人

當你身邊環繞的都是因你而成功的人時，
你成功的機會還會少嗎？
在成為別人貴人的同時，
也正是為自己製造了一個貴人。

12
PART

把快樂的方向盤掌握在自己手上

真正的快樂應該發自於內心，
如果你的心是朝著快樂的方向，
那麼，不管環境如何變化，
快樂永遠掌握在你的手上。

1.

適度的壓力，就是最好的激勵

想要開發自我的潛能，

絕對不能只是讓自己相信「我是最棒的」，

相反的，你要不斷地提醒自己：

「我還不夠棒，我一定還能更棒！」

想辦法做自己的救兵

> 遭遇危險時，不要存有依賴心理，想等待別人救援，而要立即想辦法拯救自己。

　　遭遇危險時，搬救兵是最沒有辦法的辦法，因為等待別人救援總會錯失良機，如果你可以拿出旺盛鬥志和強烈信心，試著自救，那麼你就可以成為自己最好的救兵！

　　美國中部地區曾經發生過這麼一個神奇的真實故事。有個男孩放學回家時，母親還在田裡辛苦地工作，他為了得到母親的讚賞，決定自動自發，清理一下院子裡已經荒廢多年的枯井。

　　他發現這座枯井深不見底，手電筒微弱的光線幾乎不能穿透井裡的黑暗，便設法爬上井邊，想往下一探究竟。

　　沒想到，井邊的青苔又濕又滑，一不小心，他整個人就這麼跌落到井底了。

　　幸好井底也鋪著一層厚厚的柔軟青苔，男孩雖然毫髮無傷，卻發現自己已經身處在地底的四面牆壁當中。好幾次，他試圖向上爬，卻都徒勞無功，爬著爬著，最後竟然沈沈睡著了。

　　第二天早上，他在飢餓當中醒來，飢腸轆轆、全身無力的

他努力地大喊：「我在這裡，快來救我！」但是，聲音只是在厚重的井壁間迴盪，根本沒有辦法傳出去。

到了下午，男孩又大聲喊叫了好幾個小時，外面仍然沒有任何回音，這時，才絕望地發現，根本不會有人來救他，只能依靠自己。

第三天，男孩在井底摸到了一把生銹的老虎鉗，雖然作用不大，但是聊勝於無，他決定用鉗子把井磚撬出一個小縫，作為踏腳的基石，然後就這麼一點一點地往上爬。

花了兩天的時間，男孩的工程進行到一定的高度了，這時他已經兩天兩夜沒有闔眼，全憑毅力拖著自己疲憊、飢餓的身軀向上爬。

由於長時間浸在潮濕的地底，男孩的腳凍得沒有知覺了，越是往上爬，越覺得費力，然而，他不斷地告訴自己：「你只能往上，否則就是死路一條，只能往上，只能往上……。」

到了第六天，幾乎撐不下去的時候，男孩終於爬出了井口，用智慧與永不放棄的精神換回了自己的性命。

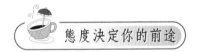
態度決定你的前途

這個故事告訴我們，每個人都可能會有孤立無援的時候，除了自己，沒有人可以救你。

如果這個男孩一開始就驚覺到唯一能依靠的就只有自己，便不會在那裡多浪費兩天，而會馬上自己動腦想辦法，把握最有精力的黃金時刻。

不是每一個人都像男孩那麼幸運，有那麼多時間與精神可

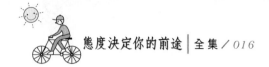
以和環境搏鬥，往往動作只慢那麼一點點，就馬上遭到淘汰的命運了，命運之神總是喜歡在我們身上開一些殘酷的玩笑。

因此，遭遇危險時，不要存有依賴心理，一心想等待別人救援，而要立即想辦法拯救自己，如此才不會任由自己的精神、體力一點一滴流失，導致最後回天乏術。

為什麼幸運之神總是眷顧別人？

為何幸運之神總是眷顧別人，唯獨看不見你？就連聖誕老人都只敲鄰居的窗戶，從來不曾爬進你家的煙囪？

「運氣」是一件很虛渺的事情，如果只會把一切不幸歸咎於「時運不濟」，那麼你和那些守株待兔的人又有什麼兩樣？

老劉在一家貿易公司工作了二十年，打從一踏出校門，他就進了這家大型企業，並且決定從此在這裡落地生根。

老劉一直認為這就是他事業的終點了，公司的員工之間存在著家人般的和樂，上司與下屬之間也有著難得的互相關懷，老劉一直表現賣力、安分守己，而且以自己的工作為榮。

然而，受到經濟不景氣波及，公司難逃一劫，被一家跨國集團收購，還來不及做好心理準備，老劉頓時便成了失業人口。

他拿著微薄的遣散費走出公司大門，看著頭頂上的藍天白雲，心裡一片灰暗，好一段時間之後，才真正驚覺到自己已經沒有工作，也失去所有的生活重心了。

接下來的日子裡，老劉簡直度日如年，想起自己家裡還有妻兒老小，還必須養家餬口，肩膀上的擔子實在太重了，重得

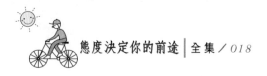

根本沒有時間坐在那裡嘆氣。他領悟到，自己必須馬上東山再起，否則只能坐以待斃。

儘管擁有數十年馳騁商場的經歷，但老劉深知外面的世界弱肉強食，而且正是年輕人當家的時代，想要找到好工作，就必須表現出自己不可取代的專業與經驗。

因此，他透過朋友的介紹，每天安排和很多人會面談話，把握自己二十年資歷所殘留的剩餘價值，用功地研究每一條就業訊息。

經過一段時間努力之後，有一天，老劉突然接到一個同行的電話，說他正準備前進大陸設立分公司，需要有人協助打理，老劉的資歷與能力都十分適合這項職務，希望雙方能有合作的機會。

得知這項消息以後，老劉幾乎不眠不休，花了很長的時間，也狠狠地下了一番苦功研究這家公司，之後與公司的總裁會面，同時會見了公司裡所有的大老。

在這次會晤中，老劉知無不言、言無不盡，展現了他這些日子以來苦心研究的成果。

就在失業四個多月後，老劉搖身一變成了該公司上海分部的總經理，他的事業有了新起點、新挑戰，對人生也有了全新體認，以及全新的快樂。

態度決定你的前途

老劉的際遇，看在那些失業人的眼中，簡直是在傷口灑鹽。

「哼！什麼東山再起，也只不過是走狗屎運而已！」你可

能會如此忿忿不平地說風涼話。

　　但是，你有沒有想過，為什麼走運的人是他，而不是自己？為何幸運之神總是眷顧別人，唯獨看不見你？就連聖誕老人都只敲鄰居的窗戶，從來不曾爬進你家的煙囪？

　　沒有一件事情是毫無緣由就憑空發生的，就連中彩券也要你肯先付出時間去排隊，因此，不要再像寓言故事裡那個心存僥倖的懶惰農夫，整天守在樹下等著兔子自己去撞樹幹，而任由農地荒廢了。

　　就算真的被你等到了，那也只是一隻瞎了眼的兔子，真正的寶藏，早就已經落入那些早有準備的人的口袋裡去了。

步步為營，才能避開陷阱

走在人生的道路上，我們應該以慎重的態度步步為營，小心避開各種可能的風險和陷阱。

　　大多數人的人生是禁不起一次破產的，因此，你該想的應該是如何避免發生財務危機，而不是破產之後該怎麼起死回生。

　　喬‧卡伯不幸生意失敗了，不但轉瞬間損失了所有的本錢，同時還負債高達五十萬美元。

　　眼看著自己從雲端跌到谷底，喬‧卡伯簡直痛不欲生，試圖冷靜下來面對現實，最後他發現眼前只有兩條路可走，一條路就是宣告破產，早死早超生；另外一條路就是努力工作，想盡辦法還錢。

　　喬‧卡伯不甘心就這麼宣告破產，向失敗投降。幾經思索之後，他召開債權人會議，對債主們坦誠相告：「我已經身無分文了，就算我宣告破產，欠你們的錢我還是一點兒也還不出來，但是如果你們相信我，再給我一次奮鬥的機會，我用人格保證，會在八年之內還清所有的債務。」

　　他花了九十分鐘的時間和口水，不斷地請求、拜託，終於

用信心和熱情打動所有的債主，使他們願意暫且放他一馬，看看他如何東山再起，實現他的承諾。

好不容易有了重新出發的機會，喬・卡伯靈機一動，想到這個世界上負債的並非只有他一個人，還有許多人都跟他一樣為債務所困。於是，他著手把自己處理債務的經驗記錄下來，寫成一本教導別人如何在九十分鐘內不用借錢就可以解決債務的書。

這本書一推出，立刻在市場上造成轟動，欠債的、沒有欠債的，或是被人欠債不還的，統統對這本書產生了莫大的興趣，一下就賣了十萬本，而喬・卡伯也在兩年內就輕輕鬆鬆地還清了所有債務。

不過，他並沒有因此而鬆懈，他再接再厲，又寫了一本《懶人的發財秘訣》，並且成功地賺取了一百萬美元。

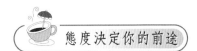

態度決定你的前途

現實生活中有許多這樣的例子，譬如有些名人就曾遭遇破產經驗，但他們一個個鹹魚翻生，重新享受風平浪靜的人生。

不過，你可別天真地以為破產的人都可以像他們一樣，只要努力就一定會有東山再起的契機。

他們之所以能夠如此，是因為他們即使經濟破產，人際關係卻沒有破產，社會地位也依舊存在，所以能為自己鋪設一條捲土重來的道路，重新出發。

要是換做一般的市井小民，能有這樣的機會嗎？

種種摧殘人生的不幸事件，不斷在我們週遭發生，要是不

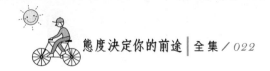

幸碰到了，往往使人心灰意冷，甚至一蹶不振。

因此，走在人生的道路上，我們應該以慎重的態度步步爲營，小心避開各種可能的風險和陷阱。

畢竟，能夠起死回生的大都是九命怪貓，而我們只有小命一條，怎麼能輕易去冒破產的風險呢？

適度的壓力，就是最好的激勵

> 想要開發自我的潛能，絕對不能只讓自己相信「我是最棒的」，更要不斷地提醒自己：「我還不夠棒，我一定還能更棒！」

壓力往往比吹捧更容易使人成長，如果你想要比現在更好，那麼，在肯定自己之餘就再多給自己一些壓力吧！

記住，適度的壓力，就是最好的激勵。

美國有位心理學專家曾經做過一項有趣的實驗。

他選定一所中學，請中學校長隨意把三位老師叫進辦公室，然後對他們說：「根據你們三位的年資以及過去幾年來的教學表現，你們是本校屬一屬二的優良教師。為了增加本校的升學率，我特別把全校最聰明的學生集中在一起，分為三班，由你們一人負責一班，好的老師配上好的學生，希望你們今年能夠有更出色的表現。」

三位老師聽了無不喜上眉梢，自己的教學方式獲得肯定，就像演員獲得奧斯卡金像獎一樣意義非凡，更是一種無上的光榮。

接著，校長鄭重地叮嚀他們：「為了避免不必要的糾紛，

你們就像平常一樣教他們就可以了，不要讓他們覺得自己受到什麼特殊待遇，以免引來其他家長的抱怨。」

一個學期過去了，這三個班級的學生成績打破了以往的紀錄，不但在校內排名中名列前茅，也是附近地區所有中學的佼佼者，平均分數整整高出了十分之多。

這時，校長又把三位老師叫進辦公室裡，笑著告訴他們：「其實，這三班學生只是隨機抽樣出來的，跟普通學生根本沒有兩樣，你們能把他們教得這麼好，就等於能把所有的學生教好。這只是信心問題而已，只要老師有信心，學生自然能有更大的進步，你們同意嗎？」

三位老師點了點頭，頓時對自己的教學能力充滿了信心。

校長接著說：「另外，再告訴你們一件事，你們三個也是在教師中隨機挑選出來的，之前的表現怎麼樣我不知道，但是現在事實證明了，你們果真是最優秀的。」

態度決定你的前途

美國名牧師弗列特‧羅伯林說：「信念可以使人變強，懷疑會麻痹人的活力，所以，一個人對自己的信念就是超強的力量。」

如果你堅信自己是最優秀的，你的能力就會相對地增強，充滿信心迎向眼前的挑戰，一一克服眼前的困難。

理論上來說，如果每個人都可以這樣自我催眠，告訴自己「我是最棒的」，那麼世界上的人一定個個都很棒！

不過，事實上，要時時給自己這樣的激勵，在現實生活之

中，卻不是那麼容易辦到！

我們一直相信自己很棒、很優秀，偏偏卻遇到了更多強勁的對手或更多棘手的挫折，證明事實並不如自己所想像，即使我們曾經鶴立雞群，到頭來也不得不氣餒地承認自己只是個凡夫俗子。

因此，想要開發自我的潛能，絕對不能只讓自己相信「我是最棒的」，更要透過適度的壓力來激勵自己，要不斷地提醒自己：「我還不夠棒，我一定還能更棒！」

勇敢走出人生的象牙塔

最怕的是，才剛踏進這個大染缸，就臨陣退縮，躲回自己的象牙塔內，外在的軀殼長大了，心智卻仍然在原地踏步。

每個早熟的孩子都有可能是明日的新星，正因為刻苦的環境給了他們最多的歷練，他們也因此獲得了比其他人更多的成長，更能體認到自己內在的力量。

日本傳奇女子阿信的兒子和田一夫就是最好的例子。

身為日本最大的零售業八佰伴國際集團的創始人，和田一夫可說是白手起家，一切從零開始。

腳踏實地是他的工作態度，刻苦耐勞是他的人生哲學，他花費多年的時間，把母親阿信經營的一家只賣水果、蔬菜的小雜貨店日益擴張，發展成日本第一、亞洲第二大的跨國集團。

早在他幼年的時候，就已經有人預言，他日後一定會成功。儘管他沒有顯赫的家世、沒有傲人的學歷，但是卻具備了一身處變不驚、勇於承擔責任的人格特質。

和田一夫還是個小學生時，有一天傍晚，天氣驟變，氣象預報說將會有強烈颱風登陸，可能帶來十級颶風，呼籲民眾嚴加防

範。

當時，和田一夫的父母都還在在外地採購疏果，若是等到他們回來，可能已經來不及做任何防颱準備了。

因此，和田一夫當機立斷，決定要在暴風雨來臨之前關上家裡所有的門窗，以免遭到嚴重損傷。

只是，風勢實在太大，門窗怎麼用力也關不上，於是，和田一夫便把兩個弟弟全都叫來，在他的指揮之下，三個人同心協力，終於把門窗一扇一扇地全部關好。

入夜之後，風雨越來越大，不時夾雜著明滅的閃電和轟隆的雷聲。

和田一夫為了不讓弟弟們害怕，便領著他們圍坐在餐桌旁，輕聲細語地講故事給他們聽，等到兩個弟弟沉沉入睡之後，他才一個人靜靜地在房間裡做功課。

當父母回來時，看到的正是這幅寧靜安詳的景象，和屋外的狂風暴雨相較，和田一夫正保持著一顆風平浪靜的心。

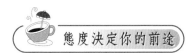 態度決定你的前途

思想家拉羅福克說過：「不論遭遇多麼多麼令人畏懼的事，智者總會勇敢面對，從中獲得寶貴的經驗。」

這些寶貴的經驗，往往會成為向上飛躍的礎石。

當然，不是每個人小時候都經歷過困劣的環境，也不是每個人都能從小就接受各種無形的訓練。

一般人更仰賴的，是成年以後的「後天養成」，讓你歷經風浪而變得臨危不亂，經過一次次失敗而逐漸有勇有謀，社會

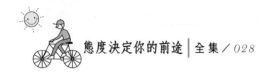

就是最好的搖籃，可以讓人快速地成長。

最怕的是，才剛踏進這個大染缸，就臨陣退縮，從此躲回自己的象牙塔內，外在的軀殼長大了，心智卻仍然在原地踏步，這樣的人除了依靠別人，還能有什麼作為呢？

創意，是成功的最大關鍵

有時候，「會賺錢的商人」和「奸商」相距並不太遠，因為如果不夠奸詐，哪裡能找到賣點，賺得了這麼多的暴利？

想要成功，你不只要當個充滿韌性、耐力的馬拉松選手，有時更要是個具備速度的短跑健將，除了跑得遠，還要跑得快，因為，「速度」永遠是成功的致勝關鍵。

一隻手指頭大小的小蝦子竟然可以賣到一萬元日幣，你相信嗎？

別懷疑，天底下就有這樣的好事。

一位日本商人到菲律賓旅遊時，發現了一種寄生在石縫裡的小蝦子，兩隻蝦子出雙入對、形影不離，十分有趣。

他好奇地詢問路邊賣蝦子的小販，才知道這種蝦子是南方海邊的特產，牠們自小便成雙成對，在石堆中相依為命。然而，這種蝦子肉質既不鮮美，也沒有太大的觀賞價值，而且在菲律賓海邊四處都可以看得到，所以，就算當地的小販們絞盡腦汁，刻意加以包裝，願意掏腰包的遊客仍然不多，小販們的生意十分清淡。

這位日本商人對這一對對天性忠貞的蝦子十分著迷，牠們相依相伴、永不分離，不正好代表了人世間歷久彌堅的愛情？

日本有一個傳統，新人結婚時，邀請來的賓客都必須致贈一樣禮物，這一對對小蝦子的模樣精巧可愛，只要想個名目加以裝飾、包裝，不就是一份別出心裁的結婚賀禮嗎？

他認為，小蝦子一定可以在日本當地造成一股風潮。

回國之後，日本商人馬上開始動手籌措銷售計劃，並且從菲律賓引進這種成雙成對的蝦子。

他用假山佈置成一個巢穴，取名為「偕同老穴」，並附上一張製作精美的卡片，上頭寫著小蝦子從一而終、白頭偕老的特性，是愛情專一、婚姻幸福美滿的最佳見證。

果然，這項精心包裝的商品一推出，立刻在東京地區造成一波又一波的搶購風潮。

這種新奇的小蝦子成功地吸引了人們的注意力，身價一翻再翻，最後竟然成了結婚典禮不可或缺的賀禮，不僅贏得了新人的微笑，商人也賺得了滿滿的荷包。

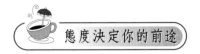

態度決定你的前途

有位國際馳名的投資專家曾經說：「從事任何事業，除了必須具備八十％的商業知識之外，尚須具備二十％的獨特創意。」

生意成功與否，很多時候取決於你是否具備獨特的創意，一個在眾人眼中不怎麼起眼的小東西，往往因為靈光乍現、神來一筆，發揮了「畫龍點睛」的效果，成為日進斗金的致富商

機。

有時候，「會賺錢的商人」和「奸商」相距並不太遠，因為如果不夠奸詐，哪裡能找到那麼誘人的賣點，賺得了這麼多的暴利？

「奸詐」的最高境界，是大智若愚、大奸若實，讓別人掏出了大把鈔票，還對你讚不絕口，稱讚你「非常實在」。

掌握商機必須先掌握人性，只要你讓消費者覺得「物超所值」，再貴的東西一樣有人搶著買。

這年頭販賣的不單單只是商品，還有生產者的創意；創意無價，誰叫我就是比你先想到？

懂得羨慕也是一種美德

懂得羨慕別人是一種美德，因為有比較才會更進取，壓抑自己的羨慕，最後只會演變成嫉妒，讓你狗嘴裡吐不出象牙。

如果你沒有一點特別的長處，人家根本不屑去浪費口水批評你、嘲諷你，因此，情願做個有資格讓人冷嘲熱諷的人，也好過終其一生，只能在台下奚落別人！

哥倫布是十五世紀著名的航海家，經歷了千辛萬苦，皇天不負苦心人，終於發現了美洲新大陸。

對於這個劃時代的偉大發現，人們給予哥倫布很高的評價及榮譽，但是，「人怕出名豬怕肥」，同樣的，也有其他的人士對此表示不以為然，並且時常當眾批評他。

這些人的言談像是一根根藏在棉花裡的針，經常「不經意」地流露出諷刺，隨時都有可能把他刺傷。

有一次，哥倫布邀請朋友來家裡作客，茶餘飯後，大家不禁又提起了哥倫布航海的經歷，然而，當中有些人語帶嘲諷、笑裡藏刀，似乎對這樣的奚落樂此不疲。

不過，哥倫布聽了這些酸溜溜的話，卻一點兒也不生氣，

完全不試圖替自己辯護，只是起身從廚房裡拿出一顆雞蛋，然後對著大家說：「你們有誰能把這個雞蛋豎起來呢？」

大夥兒輪番上陣，想盡各種方法，結果卻一一失敗。雞蛋表面是圓滑的，怎麼可能豎得起來呢？

「看我的吧！」哥倫布說著，然後輕輕地把雞蛋的其中一頭敲破，雞蛋自然就豎起來了。

「你把雞蛋敲破了，當然能豎起來呀！」有人不服氣地抗議。

「是呀！現在你們看到我用這個方法把雞蛋豎起來，才知道其實方法很簡單，根本沒有什麼了不起，但是為什麼在我之前，你們卻沒有一個人想得到這個辦法呢？」

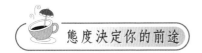

態度決定你的前途

歌德曾經寫道：「誰若遊戲人生，他就一事無成，誰若不做自己的主宰，就永遠只能做一個輸家。」

人生並非遊戲，必須盡心盡力，見到別人有所成就，應該以此激勵自己，不該滿腔酸葡萄心理。

樹大招風，譽之所在謗亦隨之，人總是見不得別人比自己好，這就是人類與生俱來的天性。

只不過，人往往口是心非，明明眼睛紅得像隻兔子，表面上卻還口口聲聲地說「恭喜恭喜」。

假裝的大方不叫「風度」，而是「虛偽」，那種會在背後捅你一刀的，往往就是這種奸詐小人。

其實，懂得羨慕別人是一種美德，因為有比較才會更進取，

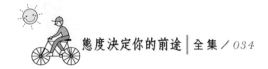
壓抑自己的羨慕，最後只會演變成嫉妒，讓你狗嘴裡吐不出象
牙，還會變成一顆酸溜溜的發霉檸檬。

　　因此，羨慕別人的時候，就大大方方表達出來，相對的，
面對別人的嫉妒，就把他們的冷嘲熱諷當作是一種恭維吧！

成功，一點都不輕鬆

追求成功之前，要做好萬全的規劃與準備，
然後全心全意去做，即使遇到失敗、挫折，
也要再接再厲。

一分耕耘未必能有一分收穫，歷經險境不一定就可以保證成功。

因為，挫折本來就是人生的必經之路，你必須比別人更認真、更堅韌，才有可能獲得成功。

阿華覺得自己的人生除了「失敗」兩個字以外，簡直找不到更貼切的形容詞了，無論讀書、創業、找工作，幾乎從來沒有好好地做成一件事。

年終時，別人歡歡喜喜地領取年終獎金，他所拿到的卻只有一封辭退信，他不明白為什麼自己處處不如人，活在世上根本毫無用處，沮喪之際，甚至想結束自己的生命，一了百了。

後來，有人告訴他山上有位高僧，掌握了成功的秘訣，曾經拜訪過那位高僧的人，現在都成了各行各業的佼佼者。阿華心想，與其漫無目的地待在家裡，不如上山去試試吧！

於是，阿華便出發去找那位高僧了。

　　一見到高僧，他就好像看到救星一般，滔滔不絕地敘述自己從小到大的不幸遭遇。

　　高僧聽完以後，沒有任何表示，只是隨口漫不經心地說：「我聽說對面山邊的懸崖上長有野草莓，只要你願意去幫我採下來，我就告訴你如何得到想要的一切。」

　　這座山的山勢並不高，但卻陡峭異常，那一顆顆紅寶石般閃閃發亮的草莓，近在眼前卻又遠在天邊，看得到，但就是摘不到。

　　「我該怎麼爬上去呢？」阿華心想，憑自己的能力根本不可能辦到，該不會是高僧在騙人吧！

　　他很想像以前一樣，一遇到困難就馬上棄械投降，但是此時心裡卻有另外一個聲音告訴他：不要放棄，這裡有著千載難逢的機會。

　　阿華開始認真地思考，並且對這座山的地形做了仔細調查，然後決定從北面上山。只是，還爬不到一半，他就已經精疲力竭、疲憊不堪了。

　　疲累的阿華晚上伴著疼痛的肌肉入睡，不知道為什麼，夢中的草莓看起來特別近，只差一步就可以摘到了。

　　隔天一大早，阿華試著再度攀登上山，這一次，終於摘到了夢寐以求的草莓。

　　於是，他捧著滿懷的草莓回到高僧面前，焦急地問：「大師，現在你可以告訴我，要怎麼樣才能成功了吧？」

　　高僧一口把草莓放進嘴裡，笑著說道：「這草莓真甜！」然後，反問阿華：「你不是已經成功了嗎？還問什麼成功之道？」

態度決定你的前途

　　如果採得懸崖上的草莓就可以成功，那麼喜馬拉雅山的高峰上倘使長有草莓的話，可能也早就被人採擷一空了！因為，現實生活中的成功得來不易，絕對不只是像採草莓一樣輕鬆。

　　這位高僧要教導阿華的是，追求成功之前，要做好萬全的規劃與準備，然後全心全意去做，即使遇到失敗、挫折，也要再接再厲。

　　爬上了懸崖，雖然你不一定就能摘到夢想中的甜美果實，但是你一定能放眼天下，把自己的人生道路看得更遠更清楚。

意志，是最神奇的力量

現實生活中，類似的奇蹟也經常發生。只要你願意盡心努力，就一定能憑著自己的意志創造奇蹟。

「意志」是無形的，只有在人們遇到苦難、病痛時，它才會突然出現。不要因為看不見它而忽略了它的存在，只要你願意相信，你就能在需要的時候，感覺到它神奇的力量。

一天早上，從事進出口貿易的鮑伯出門時，遇到了三名持槍的歹徒，他們把他帶到荒郊野外，不僅搶奪了他身上所有的財物，還在慌亂之中開槍射中他的腹部。

鮑伯當場血流如柱，歹徒們一看情勢不對，紛紛落荒而逃，獨留他一個人在草叢裡掙扎。

幸運的是，鮑伯十分鐘後就被好心的路人發現，及時將他送進急診室，雖然當時他已經奄奄一息，所幸經過長達十八個小時的手術，他終於得以保住性命。

事後，他回憶這段經歷時說道，當他受了傷躺在草叢中的時候，不斷告訴自己絕對不可以死，他拼命按住傷口，努力想著過去那些開心的事情，不讓自己有機會睡著。

　　醫護人員把他推進手術室時，他從他們的臉上看到了絕望，他知道他們並沒有信心把他救活，因為他們看著他的表情像看著一具屍體一樣，他想，自己一定得設法做點什麼才行。

　　這個時候，有個護士問他有沒有對什麼東西過敏，他點了點頭，所有的人也都停下來等待他的答案。

　　他深深地吸了一口氣，然後用盡全身的力氣大喊：「子彈！」

　　全部人都笑了出來。隨後，鮑伯告訴他們他還想要活下去，請把他當成一個活人來救。

　　鮑伯被推進手術室前，醫生曾經告訴家屬手術成功的機會只有百分之十，結果證明了，只要你選擇這百分之十，再加上充足的信心，它就可以變成百分之百的成功。

態度決定你的前途

　　生命中的每個難關都會提昇我們的精神意志，增加本身的能力。無論遭遇多麼險峻的厄運，只要願意盡心盡力，就能替自己創造意想不到的奇蹟。

　　電影裡常常會有這種情節，披著白袍的醫生告訴昏迷病人的家屬說：「我們已經盡力了，接下來就要靠病人自己的意志了。」

　　然後，千篇一律的，病人總是奇蹟似地從昏迷中甦醒過來，一家人喜極而泣，氣氛和樂融融。

　　不要以為這只是電影為了賺人熱淚刻意營造的情節，現實生活中，類似的奇蹟也經常發生。

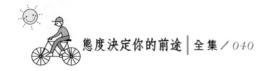
我們之所以會認為它老套，是因為我們看到了所有的過程，卻見不到那個神秘的「意志」，那分無論在多麼無助的情況下，都仍然存在體內主宰我們的神奇力量。

只要你願意盡心努力，就一定能憑著自己的意志創造奇蹟。

2.

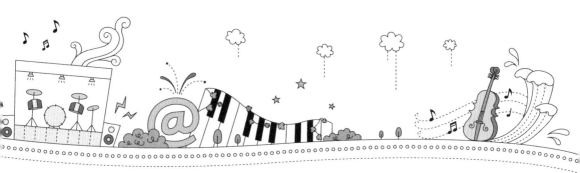

埋怨越少，成功越早

叫嚷著不公平的人，

一輩子也不會覺得公平，

因為現實人生本來就不公平，

再怎麼埋怨，

也無法使世界變得更合理。

別讓出身決定自己的命運

> 平凡如我們，既然不能改變自己的出身，那麼唯一的選擇，就是拼命地為自己努力，成就不平凡的春天。

　　也許，你沒有顯赫的家世背景，沒有令人羨慕的耀眼學歷，更沒有富可敵國的老爸，但是，只要你肯盡心盡力，將每個挫折都當作成功的起點，就算你目前是個的普通小人物，照樣可以創造出傲人的奇蹟。

　　俗話說「英雄不怕出身低」，為的是打破根植人心的階級意識，如果你能讓自己變成美麗的天鵝，誰還在乎你原本只是個醜小鴨？

　　美國第十六屆總統亞伯拉罕‧林肯出身於鞋匠世家。

　　當時的美國社會還存在著濃厚的階級主義，思想相當封閉，特別看重一個人的出身和門第。

　　身為一個鞋匠的兒子，林肯彷彿天生就比別人矮了那麼一截，時常受到別人的輕視。

　　參加總統大選前夕，在參議院發表演說時，他曾經遭到一個參議員當眾羞辱，批評他出身低微，沒有資格出來參選。

不過，林肯面對他的惡意攻擊，並沒有還以顏色，只是心平氣和地的說：「我非常感謝你令我想起我親愛的父親，雖然他已不在人世，但是我仍然很想念他；而且我知道，即使我當上了總統，也無法像我當鞋匠的父親那樣的偉大。」

林肯的話使參議院陷入了一陣沈默之中，眾人低頭不語，安靜得連地上掉了一根針都聽得到。

林肯繼續對那位侮辱他的參議員說：「據我所知，我的父親曾經為你及你的家人做過鞋子，如果你覺得鞋子不合腳，我或許可以用從父親那裡學來的技術替你修改。」

接著，林肯放大聲量，轉頭對在座的所有參議員說：「如果在座有哪位腳上穿的鞋子是由我父親做的，若是穿得不合腳，我可以幫助各位做一些修改，但是我得先聲明，我永遠無法把它們做得像我父親那麼好。」

林肯的聲音微微顫抖，邊說邊流下真摯的眼淚，令在場的參議員們也紅了眼眶，不禁開始深刻地反省：世界上還有哪一種身分，是比「父母親」更偉大的？

嘲笑的聲音漸漸變成了掌聲，林肯後來也如願地當上了總統。

態度決定你的前途

不同的態度，造成不同的人生高度，也讓人走向不同的人生道路。未來會發生什麼事情，或許不是我們可以左右的，但是，我們絕對可以藉由改變自己的態度，讓自己更快心想事成。

真正可憐的，是那些永遠不敢成為英雄的醜小鴨，因為，

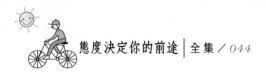

他們認為自己的出身便決定了自己的命運。

其實，只要你願意，有什麼是不可能的呢？

出身貧賤註定就要比別人付出多十倍的努力，如果可以選擇，誰不想生長在一個富裕的家庭，或是當大財閥的親戚？

但是，平凡如我們，既然不能改變自己的出身，那麼唯一的選擇，就是拼命地為自己努力。

成就的光環沒有階級之別，平凡的小人物只要肯盡力創造奇蹟，當然也能擁有不平凡的春天。

找出獨到之處，肯定自我價值

想要改變自己的自卑傾向，必須先找出自己
比別人優秀的獨到之處，生活才不會過得那
麼痛苦。

　　肯定自己的獨到之處，你就能找到自己存在的價值，坦然
接受自己的不完美之後，你才能找到超越別人的優點。

　　美國的種族歧視是長期以來根深柢固的問題，不是幾句口
號或幾次遊行就可以輕易改變的。黑人承受的鄙視、遭受的侮
辱，多到不少黑人不由得懷疑自己的存在價值。

　　威爾正是一位這樣的黑人孤兒，自小無父無母，曾經輾轉
被人收養了十五次。

　　在他的成長過程中，只知道自己的名字叫做「孤兒」，自
己的身分就叫做「黑鬼」，幾乎已經忘了自己也有名字，以及
自己也可以擁有夢想。

　　直到長大以後，有一次，他偶然間遇見了教會裡的一位牧
師，從此徹底改變了他的人生。

　　牧師發現這位年輕人心中隱藏著很強烈的自卑感，不但走
路時不曾抬頭挺胸，說話時目光也不敢直視別人，總是一副若

有所思的模樣，令人不想靠近。因此，牧師主動和他做了朋友，想為他解決這個問題。

牧師的善意，威爾當然銘記於心，十分感激，不過，他告訴牧師說：「我是一個黑人，是奴隸的子孫，這是改變不了的事實，黑人註定就是要被人看不起的。」

牧師的笑容像春天的陽光一般和煦，他告訴威爾說：「你錯了，黑人也有很優秀的地方。」

威爾的眼睛迷惑地瞇了起來，牧師繼續說：「包括你在內，所有美國黑人的祖先都是來自非洲，你們是非洲所有的子孫中還能在美國繼續生存下來的，所以你應該以自己的血統為榮。如果你們不夠堅強，早就像其他那些弱者一樣，還沒有離開非洲之前，就死在船上或森林裡了。你們之所以能繼續存活，是因為你們有知識、有才能，又懂得團結合作，這些都是成為一個強者的條件，所以在美國的黑人比任何種族都來得優秀，而且這種優秀的血統會一直流傳下去。」

威爾點了點頭，有生以來他第一次以身為一個黑人為傲！他終於找到了自己人生的方向，經過幾年的努力之後，他取得了醫學博士學位，當上了醫生。

而且，他完全克服了自卑，因為他知道，除了自己的心態，沒有任何事情可以難得倒他。

態度決定你的前途

想要改變自己的自卑傾向，必須先找出自己比別人優秀的獨到之處，生活才不會過得那麼痛苦。

　　但是，如果你相信自己是最優秀的，那麼你就大錯特錯了！因為，事實擺在眼前，明明還有別人比我們優秀，我們又何必欺騙自己，像鴕鳥一樣把頭埋進沙堆，一廂情願地相信自己是最優秀的呢？

　　你應該理性地告訴自己：「我雖然不是最優秀的，但是我卻是獨一無二的！」沒有人能夠和你一模一樣，連你的腳趾頭、手指頭都與眾不同，全世界再也找不出第二個你，因為你就是唯一的。

　　找到獨到之處，你就會肯定自我的價值。

想登峰造極，就時時刺激自己

> 好不容易否極泰來、登峰造極，你反而頓失所
> 依，渾身不自在。因為你缺少了馬蠅的刺激，
> 失去了鞭策自己繼續向前的動力。

　　一個人最孤寂的時候，就是當你到達人生的頂點，不再有任何對手和你糾纏不清的時候。

　　少了那隻整天圍著你轉的馬蠅，你不知道自己是否要繼續跑？為什麼還要跑？有沒有力氣再向前跑？

　　一八六○年，美國總統大選終於塵埃落定，林肯確定當選總統了。不過，出乎大家意料之外的，是他任命參選總統時的競爭對手參議員薩蒙‧蔡斯為財政部長。

　　許多人都勸林肯收回這一項任命，重新考慮其他優秀的人選，因為薩蒙雖然很能幹，但是心比天高，為人十分驕傲自大。他在總統競選中輸給了林肯，事後卻毫無風度地向媒體放話，表示對林肯的不滿，認為自己比林肯還要厲害許多。

　　落選絲毫沒有削弱薩蒙的氣勢，他仍然像往常一樣，大言不慚地對著總統的位置流口水，這種不懂得該在適當時候閉嘴的人，肯定會為林肯帶來不少麻煩。

　　林肯聽了大家的建議，卻絲毫沒有動搖他的決定。

　　他對關心他的朋友講了這樣的一個小故事：「在農村生活過的人一定知道什麼是馬蠅吧！我記得有一次，我和我的弟弟在肯塔基老家的一個農場犁田，我牽馬，他扶犁，那天天氣很熱，那匹馬顯得懶洋洋的，一步一步慢吞吞地走著。誰知突然間，牠卻跑得像飛的一樣快，連我都差點追不上，等到我終於接近牠時，這才發現有一隻很大的馬蠅正在叮牠，我順手一拍，就把馬蠅打落了。這時我弟弟問：『為什麼要打落馬蠅？正是這個傢伙才能使馬跑得這麼快啊！』」

　　林肯接著說道：「因此，我學到了一課，如果現在有一隻叫做『想當總統』的馬蠅正在叮著薩蒙先生，只要牠能使他和他的團隊不停向前跑，跑得比平時更快，那我又何必打落牠呢？」

　　其實，對林肯來說，薩蒙・蔡斯又何嘗不是一隻叮得自己奮力向前飛奔的馬蠅呢？

態度決定你的前途

　　法國文豪羅曼羅蘭曾經說：「只有把抱怨環境的心情，化作奮發向上的力量，才是成功的保障。」

　　對意志堅強的人而言，壯志與熱情是夢想的羽翼，自信與堅韌是成功的階梯；對於普通人來說，想讓自己登峰造極，有時候就得找幾隻討厭的「馬蠅」，時時刺激自己。

　　人生最荒涼的就是功成名就，缺少敵人的時候了。

　　一直以來，都是週遭那些討厭的馬蠅在刺激你奮發向上，

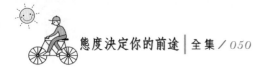

現在好不容易否極泰來、登峰造極，你反而頓失所依，渾身不自在。

這是因為你缺少了馬蠅的叮擾和刺激，失去了鞭策自己繼續向前衝刺的動力。

從前是馬蠅追著你跑，成功之後，想要繼續保持眼前的成果，那就輪到你去追著馬蠅跑了！

愛，有時只是一種手段

愛是一層糖衣，任何東西只要加上一層愛的裹覆，就連砒霜溶於口舌之時，也可以變得甜蜜。

愛，可以是真摯的情感，但對「有心人」而言，卻也可以是一種手段。

最可怕的一種人性不是「邪惡」，而是「僞善」；看不見的危險，才是最令人恐懼的地方。

美國有位獨居老人孑然一身，沒有妻子兒女，年邁衰老又體弱多病，因爲缺乏家人照料，最後不得不考慮住進養老院。

爲了負擔養老院的費用，他只好忍痛出售自己現在居住的漂亮房子，變換現金來渡過餘生。

這棟漂亮的別墅十分寬敞舒適，而且交通方便，因而吸引了眾多有意購買的人前來洽詢。

「瞧瞧屋前這片綠油油的草地，正好適合一家人一起野餐！」

「屋裡的設計、裝潢全是大師的傑作，住在這裡，生活可以愜意得像個藝術家。」

　　來看房子的人都對這棟房子讚不絕口，於是房子的身價隨著眾人的蜂擁而至一翻再翻，價格不斷攀升。

　　老人對這樣的情況完全沒有一絲喜悅，只有無限感慨。想想自己在這棟房子裡渡過了大半生，每個角落都有自己青春歲月的回憶，要不是近年身體狀況不佳，是絕對捨不得賣掉自己心愛家園的。

　　越多人對這棟房子表現出喜愛，只是提醒自己即將割愛，提醒自己人生就是有這麼多的無奈而已。

　　老先生始終猶豫不決，不曉得究竟哪位才是最適合這棟房子的買主，直到有一天，一位衣著樸素的青年來到老人面前。

　　他誠懇地對老人說：「老伯伯，我也很想買這幢房子，可是我的錢沒有那麼多。」

　　老人沒有說什麼，年輕人接著說：「不過，如果你肯把房子賣給我，我希望你可以繼續生活在這棟房子裡，我會每天陪伴你一起喝茶，一起散步，我會盡我所能照顧你的。」

　　年輕人握著老人的手，表情真摯，你認為老人會不會把房子賣給他呢？

態度決定你的前途

　　愛是一層糖衣，任何東西只要加上一層愛的裹覆，就連砒霜溶於口舌之時，也可以變得甜蜜。

　　也許這個年輕人是真的想陪伴這位老人渡過餘生，但是在今日的社會裡，這樣的舉動實在令人不得不懷疑。

　　說不定，這個年輕人的真實目的只是為了以低廉的價錢得

到這棟房子，老人是他過河的橋樑，愛心是裝飾河面的燈火，過了河以後，結局會不會是橋拆了，燈滅了？

這樣的擔憂，或許比較負面，抹煞了人性中良善的一面，但是，殘酷的現實社會裡，不就充斥著這類虛偽狡詐的「愛心」嗎？

正因為我們永遠不知道別人的心裡究竟在想什麼，評估人心的時候，審視他人的眼光要更為謹慎，眼光儘量放遠，不要把一時的言論與行動當做唯一的評價指標。

當然，我們用不著對別人耍弄心機，不過一定要提醒自己有哪些地方該小心提防。

猶豫會讓你失去先機

在靈光乍現時，把握機會舞動你的生命吧！
只怕你稍有一點遲疑，花火便熄滅了，一切
後悔其實都是你自找的。

三思而後行是正確的，但是太多的猶豫卻往往只會讓你慢人一拍，別人搶得先機，而你才姍姍來遲。

生命當中那些可以避免的懊悔，不就是猶豫不決造成的？

一個小男孩在外面玩耍時，發現一個鳥巢被大風吹到地上，鳥巢裡滾出了一隻小麻雀。

小麻雀嬌小玲瓏，不及手掌般大，初生的羽毛還沒長全，闔著的眼睛看起來楚楚可憐、弱不禁風。鳥媽媽在哪裡呢？

小男孩看了看四周，完全找不到鳥媽媽的蹤影，眼看著天就要黑了，若是把這隻流離失所的孤鳥留在這裡，說不定今天晚上就不幸夭折了。

於是，小男孩決定把這隻小麻雀帶回家飼養，要為這個脆弱的小生命建造一個世界上最溫暖的家。

一路上他蹦蹦跳跳，掩飾不住自己雀躍的心情。小男孩小心翼翼地把這個新朋友保護在懷裡，不過，當他走到家門口，

忽然想起媽媽曾經說過家裡不准養小動物，所以放慢了腳步。

思考了一會兒，他把小麻雀輕輕地放在門口的地板上，自己急急忙忙地走進屋裡去請求媽媽。

費盡了九牛二虎之力，在他的口水攻勢與眼淚策略之下，媽媽終於勉強地點頭同意了。

好不容易得到了母親允許，小男孩非常興奮地跑回門口，但是左看右看，卻始終看不到小麻雀的影子，只看見一隻大黑貓正滿臉得意，意猶未盡地舔著嘴巴。

小男孩「嘩」一聲大哭了起來，整個晚上輾轉難眠，傷心極了。但他同時也學到了一件事情：凡是決心要做的事情，就要及時去做，並且堅持到底，絕對不可以優柔寡斷！

從此以後，這個小男孩無論做任何事都秉持著這種精神，長大以後果然成就一番事業，他就是叱吒一時的電腦名人——王安博士。

態度決定你的前途

科學赫胥黎說過一段話，值得我們深思，他說：「一個人的失敗，往往不是受到外在環境的影響，而是受自己的習慣和思想的恐嚇。」

日常生活中，我們不也經常遭遇類似的情節嗎？

只是，我們通常沒從這些過往的教訓中要求自己改變，而是一味因循苟且，讓相同的劇情重複上演。

急躁的人大多短命，太謹慎的人通常也擔心得早死。

思慮周密、面面俱到可以使人做起事來更踏實，卻也同時

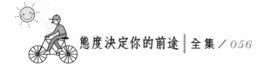
使人在機運的面前卻步。

　　在靈光乍現時，把握機會舞動你的生命吧！

　　只要你稍有一點遲疑，創意的花火便熄滅了，機會也消失了，一切後悔其實都是你自找的。

不要拿自己的生命當賭注

人的生命只有一條，不要輕易拿來做賭注，
不如好好想一想，遇到凶險情況，你是要錢
還是要命？

聰明人的下場，通常是反被聰明誤，在生死交關的時候，
既想保全性命，又割捨不下身外之物。

千萬不要輕易挑戰你的運氣，因為你很難像電影情節那麼
走運。

有個生意人和他的兒子一起出海到遠方做生意，行李中有
滿滿一箱珠寶。為了不引人注目，他們特意把珠寶用破舊的箱
子裝著，打算在途中伺機賣掉。

有一天，生意人無意間聽到水手們鬼鬼祟祟，小聲地在角
落交頭接耳，知道他們已經發現了這箱珠寶，並準備要謀財害
命，而且打算一不做二不休，先把他們父子兩人丟下海，珠寶
就可以歸他們所有了。

商人嚇得兩腿發軟，連滾帶爬地回到房間之後，便把他聽
到的一切告訴了兒子，父子倆苦心思索，終於想出了一套自保
的辦法。

趁著水手們在甲板上休息的時候，生意人氣沖沖地衝上甲板，一手揪著兒子的耳朵，一邊咒罵著：「你這個不肖子！從來都不聽我的忠告！」

「死老頭！」兒子不甘示弱地喊著：「你說的根本都只是屁話。」

水手們好奇地聚在甲板四周，看著這場父子相殘的好戲。

生意人怒不可遏，馬上衝進他的房裡，拿出那箱珠寶，而且大聲地吼著：「沒有良心的小子！我寧可把它們全部扔掉，也不讓你繼承我的財產，你從我身上是連一個子兒都拿不到的！」

話還沒說完，生意人就在其他人趕來阻攔他之前，把整箱珠寶一股腦全部都扔進了大海裡。

幾天後，輪船終於靠了岸，父子倆一上碼頭，便直奔到法院指控船上的那些水手們居心不良，企圖謀殺及搶奪他們的財物。

法官問水手們：「你們是否親眼看到生意人把珠寶投入大海？」

水手們紛紛點頭，誰忘得了那麼令人扼腕的一件事呢？法官於是判水手們有罪，並判定他們必須賠償生意人的損失，法官說：「人在什麼時候會放棄他一生的積蓄呢？只有在他面臨生命危險時才會這樣啊！」

態度決定你的前途

如果你是故事中的生意人，你會怎麼做？

　　大部分人的做法應該是斷尾求生，乖乖地主動獻上珠寶，懇求水手們放自己一條生路；畢竟錢財是身外之物，能夠保住性命才能繼續擁有。

　　生意人看似豁達，其實卻比誰都還吝嗇，而且工於心計，大禍臨頭之時，他不只要保住自己的性命，還想保住自己的錢財，因此才想出了這條「兩全其美」的妙計。

　　幸虧他遇到的是一群笨海盜，才能僥倖順遂心願，如果遇到的是脾氣暴躁的虎克船長，眼睜睜地看著到手的肥鵝就這麼被活生生扔下海，難保不把他們父子倆也扔到海裡陪葬去！

　　人的生命只有一條，不要輕易拿來做賭注，不如好好想一想，遇到凶險情況，你是要錢還是要命？

埋怨越少，成功越早

叫嚷著不公平的人，一輩子也不會覺得公平，因為現實人生本來就不公平，再怎麼埋怨，也無法使世界變得更合理。

你的特長需要自己不斷精進，只有不斷地努力，你的潛力才能無限延伸，你的成就才能讓自己的心理得到平衡。

小張和小林是讀藝術學院時的同班同學，兩人談話一向投機，作品的風格也很相似，經常相約一同出外寫生，而且互相交換繪畫的心得。

當時，年輕氣盛的小張和小林有著共同的抱負，有朝一日一定要成為名畫家，為台灣的畫壇增光。

直到畢業之後，兩個人才發現，現實與夢想原來還有那麼大的距離，學生時代的夢想實在太遙不可及了。

小張比較幸運，畢業後透過父親的關係，進入了一家大型雜誌社擔任美術設計的工作，而小林求職過程一再碰壁，最後只好留在學校裡指導小學生上美術課。

為了養活自己，有誰能不為五斗米折腰？要不是小張有個神通廣大的老爸，就憑他那三腳貓的功夫，哪能找到那麼好的

工作？小林心裡一直這麼懊惱地想著。

懷著一身才華，卻始終天不從人願的小林，原本手上拿的是畫筆，現在卻只能拿蠟筆和紅筆。

他在心中暗暗怨嘆著目前的教書的工作，每次只要看見小張的作品在雜誌上出現，彷彿就像是一把灑在傷口上的鹽巴，更加突顯了他現在的失敗。

他埋怨社會、埋怨總統、埋怨政黨，埋怨雜誌社只認得人情，卻不長眼睛；他埋怨許多人不懂得發掘人才，日復一日地埋怨，但是對自己的處境卻完全不想加以改變。

就這樣，日子一天一天地過去了，小張由於雜誌社資源豐富，工作環境良好，經常能接觸到最新的資訊刺激他的靈感，加上他本身孜孜不倦地辛勤耕耘，幾年之後，他的畫風趨於成熟，並且獨樹一格，成了業界赫赫有名的美術設計師。

他亮眼的成就讓小林終於停止了抱怨，小林看到了對方的成長，已經沒什麼好抱怨，連在心裡不服氣的資格也失去了。

小林長期的怨天尤人，讓自己活在自築的囚籠裡，這些年來毫無進步，反而不知不覺地往後退，從當初的時運不濟，變成了真正的一無所長。這輩子，他註定只能當個美術老師了，還提什麼當年的夢想呢？

態度決定你的前途

叫嚷著不公平的人，一輩子也不會覺得公平，因為現實人生本來就不公平，再怎麼埋怨，也無法使世界變得更合理。

退一步說，如果上帝會眷顧這種只會自怨自艾，卻又毫無

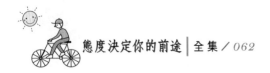

建樹的人，那才是真的不公平。

　　想要得到公平，那就不要跟比爾蓋茲比財富，不要跟愛因斯坦比科學，不要跟胡雪巖比經商，不要跟達文西比藝術，不要跟曹雪芹比文學……。仔細想想，除去那些個人的特長，你有哪一點不如他們呢？

　　你欠缺的不是運氣，而是努力。

關懷，就是最好的養分

名利不過是人生旅途中的一些點綴，生不帶
來死不帶去，卻令大部分人用盡一生追求，
直到臨別揮手時才捨得放下。

直到我們年歲漸長，老到有足夠的智慧時，我們才又重新
變回一個小孩，擁有最初最純淨的心靈。

人生最重要的東西究竟是什麼呢？是名利與權位嗎？讓我
們看看在一家醫院裡所做的兩個調查。

其中，一個調查是在育嬰室，院方想明瞭，對小生命們來
說，最重要的東西是什麼。實驗人員隨機挑了兩組嬰兒，給予
他們同樣的生活條件和飲食，唯一不同的地方是，第一組嬰兒
每天被大人們抱起來愛撫三次，每次十分鐘；第二組嬰兒則孤
伶伶地待在搖籃裡，沒有任何撫慰。

經過一段時間之後，他們赫然發現，第一組嬰兒的體重增
加速度，遠遠高於第二組嬰兒整整一倍之多。對初生的嬰兒來
說，關懷就是最好的養分，他們剛來到這個世界，渴求的只是
一個充滿感情的擁抱。

另外一個調查是在加護病房，他們詢問每一個臨終病人，

即將走到生命的終站時，最想向家人說些什麼。

調查的結果，沒有人說：「要是我當上總統就好了。」

也沒有人說：「要是我能中樂透，成為億萬富翁就好了。」

沒有一個人向家人說：「記得把我的房子和存摺照顧好。」

絕大多數的人會說：「請幫我照顧好孩子，照顧好我的家人。」

原來，生命的開始和盡頭，對我們最重要的，不是鏡花水月般的身外之物，只不過是人與人之間的感情而已。

名利不過是人生旅途中的一些點綴，生不帶來死不帶去，卻令大部分人用盡一生追求，直到臨別揮手時才捨得放下。

態度決定你的前途

《小王子》故事裡面有一個生意人，每天都在做一件自認為「很要緊」的事，不眠不休地數著天上的星星，並且從這件枯燥乏味的事情中得到莫大的滿足。

他覺得星星就是他的財富，是他生命的全部，於是小王子好奇地問他：「你拿這些星星做什麼？」

他說：「不做什麼，我只是擁有它們。」

這就是古怪的大人啊！

我們從滿足自己的慾望中得到快樂，絲毫不理會這些慾望是不是真的有存在的必要。直到我們走過人生的風風雨雨，勘破世間各種夢幻泡影，才能璞歸真，只是，此時離生命的終點已經不遠了。

3.

不要讓夢想變成空想

人擁有夢想是值得嘉許的，

但是徒有夢想，沒有通往夢想的梯子，

便會淪為好高騖遠，不切實際。

不要讓夢想變成空想

人擁有夢想是值得嘉許的，但是徒有夢想，沒有通往夢想的梯子，便會淪為好高騖遠，不切實際。

法國大文豪雨果在他的名著《悲慘世界》裡曾經這麼寫道：「世間有一種比海洋更大的景象，那便是天空；還有一種比天空更大的景象，那便是人的內心活動。」

夢想來自人的內心活動，因此往往是遙不可及的，只有一步一步地加以實現，最後才不會淪為空中樓閣。

美國汽車大王亨利‧福特非常欣賞一個年輕人的才華，認為他是一個可造之材，擁有無限的潛能。

他找來了這位年輕人，想盡自己的力量幫助他更快取得事業的成功。於是，福特問這個年輕人對自己的人生有什麼目標。

這個年輕人的答案卻令福特大吃一驚，他堅定地說，他的人生目標就是要賺到一千億美元。

一千億無疑是個天文數字。初生之犢不畏虎，這個年輕人雖然不知道天高地厚，卻顯得十分有自信。

於是，福特繼續問他為什麼要替自己設定這樣的一個目標，

年輕人思索了一下，他說：「沒有什麼原因，我認為只有這樣才能證明成功，才算是實現了我的人生價值。」

福特笑了笑，這個年輕人雖然有志氣，卻不切實際，徒有夢想卻沒有方向，需要一些時間的歷練，因而福特對他說：「你還是實際一點，重新考慮一下你的目標吧！」

往後的五年時間裡，福特都沒有再見過這個年輕人，一直到他聽說了這個年輕人想創辦一所大學，但是努力籌措之後還欠缺十萬美元資金。

福特很高興他終於找到了奮鬥的方向，不再好高騖遠，因此慷慨解囊，幫助他實現了這個夢想。他們彼此之間很有默契，都沒有再提起當年的那個一千億美元。

這個年輕人有了福特的幫助，再加上自己努力不懈，把大學經營得十分成功，他以自己的名字為大學命名，這所學校就是美國十大名校之一的伊利諾斯大學。

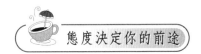

態度決定你的前途

美國作家海爾曼曾經說：「有一天，當你發現自己的境遇都是自己造成的，而非源於意外、時間或命運，那是多麼悲哀的事。」

現實生活中，我們最常犯的錯誤就是習慣當「言語上的巨人，行動上的侏儒」，不願意腳踏實地盡心盡力。

人擁有夢想是值得嘉許的，但是徒有夢想，沒有通往夢想的梯子，便會淪為好高騖遠、不切實際。

如果懂得腳踏實地築夢，那麼就算夢想比天高，又有什麼

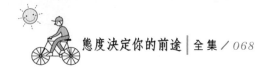
不對呢？

　　正是因爲知道夢想實現的機率很小，所以才要做一個好大好大的夢，這樣一來，就算只實現了其中一部分，也算得上是一種成就。

　　努力會創造奇蹟，好好地描繪自己心中的夢想藍圖，正是因爲有了這麼遠大的夢想，我們才有實現其中一部分的可能。

別讓頭上的光環，成為罩頂的烏雲

成功不在於你有多少關係，而在於你有多少
能力，以及願不願意殫精竭慮地努力。

現代人講求所謂的「人脈銀行」，彷彿誰認識的人多，誰
就能比別人先掌握成功的關鍵。

其實，這是似是而非的觀念，人脈只能替你穿針引線，成
敗仍舊取決於你到底有幾分能耐。

法國著名作家大仲馬的兒子小仲馬還沒成名之前，所寄出
的稿件總是遭到出版社退回，而且到處碰壁，境況非常不如人
意。

於是，大仲馬建議小仲馬在稿件末端附上自己的姓名，如
此一來，出版社不看僧面也會看佛面，給大作家的兒子一個機
會。

不過，小仲馬卻固執地拒絕了，他說：「我不想做這種事，
如果我利用你的名聲當作跳板，那麼我從以前到現在的奮鬥也
就失去了意義。」

小仲馬年紀小但志氣高，不願用父親的盛名作為自己開創

寫作事業的資本，因為他覺得那樣的做法太投機，也無法證明他自己的實力。

因而，他在替自己取筆名的時候，也小心翼翼地選擇了其他的姓氏，避免讓別人聯想到父親的名字。

面對一大疊退回的稿件，小仲馬不只沒有被打敗，反而越挫越勇，越寫越有心得；他認為自己只是時機未到而已，所以仍然堅持創作，每天在桌前一待就是一整天。

皇天不負苦心人，小仲馬的長篇小說《茶花女》因為絕佳的構思和生花妙筆，終於震撼了出版社的編輯，而且編輯們一致認為這是百年難得一見的曠世鉅作。

當出版社察覺到這分稿件上的地址，竟然和大仲馬的住址相同時，都以為這分作品是出自大仲馬之手，只是生性幽默的大仲馬，故意用另一個筆名跟他們開玩笑而已。

直到他們發現作者不是大仲馬，而是他的兒子小仲馬的時候，不禁十分驚訝，並且對小仲馬的奮鬥精神讚嘆不已。

《茶花女》一出版，立即轟動了整個法國文壇，有人甚至認為它的水準已經超過了大仲馬的《基督山伯爵》，小仲馬名享全國，終於用自己的努力爭取到屬於他的一席之地。

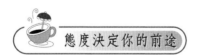

態度決定你的前途

看在那些講究「人脈就是金脈」的經理人眼裡，小仲馬簡直是一頭不知道轉彎的大笨牛，放著身邊這麼好的資源不用，竟然白白浪費了這麼多年的光陰；如果他早點打出父親的名號，不就可以早一點成名了嗎？反正市場終究會證明他的實力。

　　但是，當類似的情況發生在你身上，如果你真的那麼做，就算證明了實力，成功也永遠不會真正屬於你。

　　別人看你的眼神，多多少少會是在看「某人的兒子」，別人給你的掌聲，或多或少也是給你老爸「面子」，那些一開始戴在頭上的光環，最後終會變成一朵罩頂的烏雲，你想要那樣子的「成功」嗎？

　　與其依賴所謂的人脈，迷信所謂的靠山，何不如要求自己努力培養、鍛鍊自己的長才，憑自己的能耐開創未來？

　　成功不在於你有多少關係，而在於你有多少能力，以及願不願意殫精竭慮地努力。

美好，總是在意料之外

美好的事情，往往都是努力之後，從意料之外的角度切入，用平常心努力，成功往往才會在你不注意的時候靠近！

　　很多人習慣輕率地把別人的成功，看成是偶然的機遇。其實，偶然是事物的表面現象，懂得從偶然之中發掘出必然的因果，人才不會終日等待機遇降臨，徒然浪費寶貴的光陰。

　　在科學史上大名鼎鼎的荷蘭科學家萬·列文虎克，既沒有豐富的知識，也沒有顯赫的學歷，之所以能獲得令世人矚目的成就，原因就在於他的敬業精神與一生的執著。

　　最初，他只是一個普通的農民，沒有讀過什麼書，也沒有什麼特別的技藝，為了生計，來到一個小鎮打工，並且找了一個倉庫管理員的工作。他每天的工作就是替工廠看門，而且在這個工作崗位上一待就待了六十年，從此再也沒有離開小鎮，也從來沒有換過工作。

　　由於這個工作性質比較輕鬆，休閒的時間比較多，萬·列文虎克選擇了費時費工的打磨鏡片作為自己的嗜好。

　　這個嗜好看似無聊，其中卻有許多奧妙，常常令他沈浸在

細膩的手工裡，而且輕易地就消磨了一整天的時間。

幾年以後，他打磨鏡片的技術已經達到登峰造極的水準了，由於他並不是為了賺錢，不必迎合大眾的需求，因此更有餘力去研究各式各樣的鏡片，而且，磨出來的鏡片不只精細，放大倍數都要比別人的還高出許多。

在一個偶然的機會下，他把玩著自己磨製成的高倍數鏡片，無意間卻發現了一個在當時還不被世人了解的微生物世界。於是，他把這個發現公諸於世，從此聲名大噪。

儘管只有初級中學的學歷，萬‧列文虎克卻被授予巴黎科學院院士的頭銜，連荷蘭女皇都親自去拜會他。

萬‧列文虎克認為自己只不過是從生活中注意到一些平淡無奇的細節而已，根本沒想到會因此踏進浩瀚的科學世界，因而謙虛地說，真正的發明家不是自己，而是「偶然」，他只是發現了大自然創造出來的奧秘而已。

態 度 決 定 你 的 前 途

有人會認為，萬‧列文虎克從一個倉庫管理員，一躍成為名留青史的科學家，這種「偶然」實在令人眼紅，因為許多人一生兢兢業業，卻不見得有這樣的好運氣，只有那些坐享成功果實的人，才會說出「一分耕耘，一分收穫」這種風涼話。

如果這種論調成立的話，那麼，我們辛苦工作究竟為了什麼？難道只是為了等待一次「偶然」的機會嗎？

如果你每天夢想著一步登天，那麼，與其大做白日夢，還不如去買張彩券，或然率恐怕會高些。

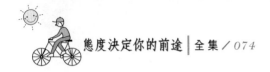

　　偶然，其實是另一種形式的必然。

　　美好的事情，往往都是努力之後，從意料之外的角度切入，你不去引領期盼，人生反而分外美好；用平常心努力，成功往往才會在你不注意的時候靠近！

沒有方向感的人最容易失敗

 我們從小就被教導要走得遠，要爬得高，但卻很少人告訴我們，最重要的是走對方向。

法國科學家巴斯德在《科學家成功的奧秘》裡寫道：「找對方向是很重要的一件事。工作隨著方向走，成功隨著工作而來，這是不變的規律。」

當你為生活奮鬥，或是遭遇緊急危難的時候，一定要有方向感，才不會讓自己陷入險境，千萬別再像無頭蒼蠅一樣到處亂竄。

這個世界這麼大，我們也許會不小心迷路，但是，卻不能迷失方向。

我們常常可以聽到有人抱怨自己的方向感不好，但是，你知道方向感對一個人來說有多麼重要嗎？

老吳有一次相當驚險的經驗。

有一天，他在湖邊散步，大概是看魚看得太出神了，一不小心居然掉進了湖裡。

老吳完全不會游泳，在水中載沈載浮，嚇得驚惶失措，於

是一邊掙扎，一邊大聲呼救。

　　他落水的時候，離岸邊只有一、兩公尺的距離，可是當救援的人趕到，把他從水裡拉出來時，他離湖岸卻已經有幾十公尺遠了。

　　因為，他太驚慌，只曉得拼命掙扎，但是卻根本沒有考慮應該往哪個方向，要不是救援人員來得快，可能早已一命嗚呼了，連岸上的人想要拉他一把都沒有辦法。

　　小張就比較幸運了，他是一位登山的愛好者，有一次，獨自一個人在山上探險，卻不小心弄丟了賴以辨別方向的指南針，迷失在深山裡。他想要憑藉記憶往回走，但卻怎麼也走不出這片山林。

　　此時的他就像站在一個大圓的中心，只要腳步稍微有一點偏差，那麼便會越差越多，最後到達的地方更會相差十萬八千里。眼前的處境使他感到驚恐萬分，實在不知道該如何是好。

　　走著走著，他看見一條小河緩緩地在眼前流過，他仔細想了想，便決定沿著這條河順流而下，河道旁的路雖然比較難走，但是他相信，河水是由上往下流的，入海處一定會在平地，一定能幫助自己走下山。

　　確定目標之後，他不依靠自己似是而非的方向感，而是堅定地沿著河流的方向一步一步往前走。經過幾天的跋涉，他終於平安歸來，成功地走出了這座山林。

態度決定你的前途

　　我們從小就被教導要走得遠，要爬得高，但卻很少人告訴

我們，最重要的是走對方向。

　　因此，我們的目標只有山頂，只有遠方，但是一路上，卻沒人告訴我們怎麼走才是正確的方向？迷失方向時如何才能找到出路？

　　其實，人生最重要的不是里程數，而是方向感。就好像在水中游泳一樣，你游得再遠，觸目所及仍然是一片汪洋大海，不如選定方向，游到最近的小島上，或許那裡的風景，才能讓你感到特別有收穫。

　　如果你不想讓自己繼續走得跌跌撞撞，不想讓自己繼續過得渾渾噩噩，那麼，就從現在開始，認真地尋找自己的方向吧！

遺忘，就是苦難最好的解藥

> 記性有時是一種負擔，記得越多越沒有辦法放開，忘了自己，你才能擁抱世界，才能發現這個世界更多的美好。

時時提醒自己的不幸，就像拿一面放大鏡對著傷口一樣，不但對傷口完全沒有幫助，反而會讓你感覺更痛，不如忘了它吧！

只要你轉移了注意力，它就會不知不覺地消逝。

有一個生長在富裕人家的小女孩，集三千寵愛於一身，可說是要風得風、要雨得雨，是個名副其實含著金湯匙出生的幸運兒。

然而，就在小女孩三歲那年，突然得了一種奇怪的癱瘓症，訪遍名醫也束手無策，而她的雙腿也就這麼失去了走路的能力。

這麼小的年紀就註定要一輩子坐輪椅，對父母親來說是多麼沈重的打擊啊！因此，他們對小女孩更是加倍呵護，設法滿足她的每一個願望。

有一次，小女孩和家人一起乘船出海旅行，船長的太太為了逗孩子開心，告訴她船長室有一隻天堂鳥，色彩斑斕，曲線

非常漂亮。小女孩聽了，立刻被這隻小鳥吸引了，直嚷著要親眼去看一看。

於是，褓姆把小女孩留在甲板上，自己先去找尋船長室的位置。

小女孩在甲板上等了一會兒，實在耐不住性子，於是便請求船上的服務生帶她去看那隻美麗的天堂鳥，生怕自己遲了一下子，那隻可愛的小鳥就會飛走了。

服務生並不知道小女孩的腿不能走路，牽著她的小手便開始往船長室的方向走。

就在這時候，奇蹟發生了！小女孩滿腦子只想著她的天堂鳥，竟忘了自己不能走路，自顧自地拉住服務生的手，一步步慢慢地走了起來。

內心的渴望使她忘了雙腿的疼痛，她的癱瘓症從此不藥而癒，連醫生也目瞪口呆，解釋不出究竟是何原因。

有了童年時戰勝病痛的經歷，小女孩長大後，無論做任何事都全心投入，比一般人還要認真。

她埋首於文學，用盡所有的心力創作，日後更成為第一位榮獲諾貝爾文學獎的女性，她就是瑞典的名作家西爾瑪‧拉格羅芙。

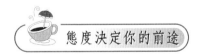

態度決定你的前途

很神奇的故事，不是嗎？

但是，它確確實實地發生了，似乎告訴著我們，一個人倘使能達到「忘我」的境界，生活中許許多多的悲、恨、愁、苦，

都會迎刃而解。

　　如果疾病不能治癒，痛苦不能平復，事實也無法改變的話，那麼就設法轉移注意力，忘了它吧！遺忘是最好的解藥。

　　某個人傷害了你，你恨不得狠狠地咬他一口，但是，事實上你根本拿他沒辦法，與其讓自己氣得牙癢癢的，皺紋倍速增長，不如忘了他吧！

　　遺忘，才是對一個人最無情的懲罰。

　　記性有時是一種負擔，記得越多越沒有辦法放開，只有忘了自己經歷過的苦痛，把心力花在自己鍾情的事物上，你才能擁抱世界，才能發現這個世界更多的美好。

先為自己準備救生圈吧！

人生在世就有如在泥濘、坎坷的道路上行走，只有意志堅定，懂得未雨綢繆的人，才能如願以償地走向幸福的彼岸。

　　人只有在全力以赴的努力奮鬥中，自身的潛能才會不斷被發掘，心中也才會建立起堅定的信心和意志。

　　升高中的那年暑假，天氣十分炎熱，於是小燕便和幾個同學相約去游泳池游泳。

　　在嬉鬧中，小燕突然失去了平衡，一股腦地往水裡沈。驚慌之下，小燕連忙伸手想要抓住池壁，但是什麼也碰不到！她的四周除了水，還是水，完全沒有可以依靠的目標。

　　一陣手忙腳亂之後，小燕再次跌入水裡，揮著雙手亂抓，伸長兩腳猛蹬，卻始終碰觸不到任何可以支撐的東西。

　　突然間，小燕的腦中浮起了「死亡」兩個字，感受到前所未有的恐懼，彷彿有一股力量揪著她的心似的。於是，她試圖讓自己冷靜下來，不敢亂動，努力地讓自己往下沈，希望可以碰觸到池底。

　　好像過了一世紀一樣，努力一陣子之後，腳下依然是空空

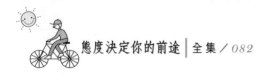

蕩蕩的，她絕望地想著：「天哪！我該不會就這麼葬身在這個游泳池裡了吧！我還年輕，還有很多未完成的夢想啊！」

她不甘心！於是她告訴自己：「只有妳可以救自己了，一定要往下沈，一定要成功！」

但是，不管她花了多大的力氣，水裡卻有更大的反作用力與她對抗，她的腳底下仍然是空空的。

缺氧使小燕不由自主地張開了嘴，一連灌了好幾口水之後，感覺自己的肺就快要爆炸了。

她連一秒鐘都憋不下去了，真的很想放棄，與其承受這樣的痛苦，真想痛快的死了算了。

「不行！我怎麼能讓自己就這樣死去？」於是，小燕緊閉著嘴巴繼續堅持著，不斷在心裡默默鼓勵自己：「就只差一步了，我一定要堅持下去，再一步就好。」

這時，她的腳終於感覺到一些堅硬的東西，是池底！小燕喜出望外，忘掉了現在所有的痛苦，拼了命地再往下沈。

終於，她的雙腳平踩到池底，猛力一蹬，像隻海豚似地衝出水面，雙手緊抓住池邊，不停地喘著氣，呼吸著久違的空氣。

小燕從來沒有感覺這麼心滿意足過，不知不覺地，眼淚也嘩啦啦地跟著流了下來。

呼吸平順了，眼淚也擦乾了，精疲力盡的她癱在池邊，環顧一下四周，沒有人注意她，也沒人知道，她剛剛經歷了一場生與死的搏鬥。

態度決定你的前途

　　每一個徘徊在生死邊緣的人都一定經歷過這種掙扎，嬰兒出生時要掙扎，人在死亡前也會掙扎；掙扎，其實是人的一種本能。

　　不過，到了盡頭時才曉得掙扎，起死回生的機率能有多少？與其讓自己有掙扎的機會，不如在下水之前，先幫自己準備好救生圈吧。

　　歌德曾說：「誰若是遊戲人生，他就一事無成；誰若不能主宰自己，永遠是個奴隸。」

　　人生在世就有如在泥濘、坎坷的道路上行走，只有意志堅定，懂得未雨綢繆的人，才能遇事沈著冷靜，如願以償地走向幸福的彼岸。

想得再多，不如做了再說

如果你想往前邁進，想要跨越目前的狀態，那麼你就只有「行動」，而且要堅決果斷的行動，靠自己的力量往前走。

太多人總是在猶豫中錯失良機，機會是不等人的，不管決定是否正確，一旦決定了，就得為自己的決定負責。

思華是個女性問題專家，有一次和朋友小琴聊天時，提到女人之所以比男人有更多的煩惱，全是因為絕大多數的女人太過猶豫不決，意志力也不夠堅定的原因。

小琴聽了以後，露出一臉茫然的表情，完全不能體會思華話中的含意。於是，思華決定做個小小的實驗，帶著小琴來到一間寬廣空曠的教室，兩人各拿一把椅子，小琴坐在前門，思華坐在後門。

不久，有個女人從小琴面前的這個門口走過。

這是個步履蹣跚的老奶奶，思華在教室的另一頭對她說：「請走過來。」

老奶奶環視著空無一物的房間，不悅地說：「這裡面什麼都沒有，為什麼要走過去？」

說完，她就從原來的那個門走出去了。

第二個經過的是一位中年婦女，聽了思華的請求之後，半信半疑地看著另一個門口，漸漸感到不知所措。

她喃喃自語地說：「為什麼要走過去呢？走過去還能走回來嗎？是不是走過去，就回不來了？」

思華充耳不聞，只是保持一貫的沈默，讓這位中年婦女自行決定。

中年婦女猶豫了半天，最後還是無聲地退出了。

第三位經過的是個年輕辣妹，對思華的要求感到新鮮，興沖沖地問：「是要我跳過去，還是跑過去？」

思華依舊不吭一聲，這位年輕辣妹覺得自討沒趣，悻悻然地便轉身從原來的門口出去了。

第四位是個不到十歲的小女孩，聽了思華的話，沒有半點猶豫，「咚咚咚」幾聲，一下子從那個門口跑出去了。

思華嘆了一口氣，對小琴說：「現在妳了解了吧！整個實驗只有小女孩及格，其他的人難道不會走嗎？為什麼還要等待別人告訴她應該怎麼做呢？有時候，行動就是人生的一切啊！」

態度決定你的前途

沒有煩惱的人可以說走就走，但是大部分的人，卻有太多的思慮、太多的考量，那一道門，不是那麼容易就可以跨越的。

誰說「行動」就是人生的一切？

你也可以選擇停下來乘涼，或是坐在那裡看看風景，人生還有許多事情可做，不一定非要「行動」不可。

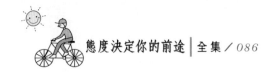

　　但是，如果你想往前邁進，想要跨越目前的狀態，那麼，你就只有「行動」，而且要堅決果斷地行動，靠自己的力量往前走去。

　　只有懂得果斷行動的人，才能在過程中，得到最大的收穫。

失敗比成功更快樂？

 人生本來就有高低起伏，你該慶幸自己還能
有低潮，這表示你以前曾經風光過，以後也
才會有東山再起的機會。

　　如果我們能清楚地了解自己當前的處境，以及未來將走向
什麼地方，那麼我們就能更加睿智地判斷自己應該做什麼，自
己又不該做什麼。

　　有一個十分上進的年輕人，從學生時代開始，便以爬上總
經理的位置作為奮鬥的目標。

　　畢業之後，他進入了一家大公司，每天努力工作，甚至以
公司為家，晝夜不分地辛勤耕耘。歷經八年的奮鬥之後，他終
於得償所願，當上了這家公司的總經理。

　　當上總經理之後，他的生活變得更加忙碌不堪，過了一段
時間，發現自己的創造力下降，原本充滿創意的腦袋，現在根
本擠不出任何東西。

　　這樣的發現使他工作情緒低落，覺得自己就好像一部工作
機器，永遠有簽不完的文件、看不完的公文，每天上班下班，
周而復始不停地運轉著。

　　總經理這個職位雖然是他夢寐以求的，卻無法給他帶來任何工作上的成就感，他好懷念從前當小職員的那段時光，每天充滿鬥志，有著層出不窮的創意，到底該怎麼辦呢？究竟是這個位置不適合自己，還是自己根本無法勝任這個位置？

　　在迷惘中，他去聽了一場演講，演講人說了一段話使他印象深刻，他說：「不管你現在有多風光，有多少成就，先問問自己，十年後的你會變成什麼樣子？」

　　台上的演講人又說：「如果你看不見自己十年後的樣子，又或者你的想像並不是自己所期望的，那麼，這表示你現在的生活方式和工作態度都有問題，你必須重新調整自己的腳步和方向。」

　　當天晚上，這個總經理想了又想，試圖描繪出自己十年以後的樣子。他看見自己變成一個市儈的生意人，他的人生等同於報表上的投資損益比，唯一能讓他高興的只有鈔票和星期天。

　　他一點都不嚮往這樣的生活。

　　原來，實現夢想並不能保證快樂，真正的成功是去做自己想做的事，過自己想過的生活。

　　他終於明白，人生其實還有很多比當總經理更有意義的事情，於是他毅然決然地辭去總經理一職，讓自己從絢爛歸於平淡，重新去找一條真正屬於自己的路。

態度決定你的前途

失敗容易令人迷惘，成功也是一樣。

許多人達成多年的理想之後，卻突然頓失所依，沒有了前

進的方向,成功的代價,原來是迷惘。

　　人生本來就有高低起伏,處於低潮時,你該慶幸自己還能有低潮,這表示你以前曾經風光過,以後也才會有東山再起的機會;當你站上高峰時,也不要笑得太早,許多人都是從這裡跌下來的。

　　成功時,先想想看十年後的自己會是什麼模樣,如果你仍覺得若有所失,那麼就先停下腳步,好好地想清楚吧!

做一個沒有遺憾的輸家

所有的勝敗關鍵，往往就在那幾秒之間，比賽如此，人生也是如此，你還能說幾秒鐘不值得珍惜嗎？

只有珍惜時間，對生活抱持著積極樂觀態度的人，才能穿越荊棘遍佈的人生道路。

如果我們不能妥善運用時間，使自己成為生活的主人，那麼就毫無疑問地會淪為生活的奴隸。

別忘了積少成多的道理，那不起眼的幾分幾秒雖然短暫，但是長久累積下來，卻能漫長得令你後悔莫及。

小豪的祖母在他讀小學的時候過世了，因為祖孫倆的感情十分親密，那段日子裡，小豪像個遊魂似的，終日沈浸在失去祖母的哀傷中。

爸爸媽媽不知道該如何安慰這個幼小的心靈，唯一能做的，就是告訴小豪：接受事實吧！祖母永遠不會回來了。

「每個人都有屬於自己的時間，過去了，就不會再回來了。你的昨天過去了，它就永遠是昨天，不可能變成今天。」爸爸耐心地對小豪說：「有一天你會長大，會變得像祖母一樣老，

你也有屬於你的時間，時間到了，就永遠不會再回來了。」

小小年紀的小豪似懂非懂，只知道時間原來是這麼可惡的東西，帶走了親愛的祖母，以後也會把他帶走，難道沒有任何東西可以把時間打敗嗎？

有一天，小豪獨自走在放學回家的路上，正好看到西斜的夕陽正要慢慢地沈進山頭，他知道自己永遠沒有機會再看到今天的太陽了，這一切都是時間搞的鬼！

小豪感到既著急又傷心，於是他下定決心對自己說：「我一定要比太陽更快回到家。」

想到這裡，小豪一路狂奔著跑回家去，當他到達家門口時，一邊喘氣一邊回頭看，看到天空中的夕陽還剩下半邊臉。小豪興奮不已，自己終於跑贏了太陽，戰勝了時間。

從此以後，小豪便常常做這樣的事情，有時和太陽賽跑，有時和飄零的落葉比快，甚至一整個暑假才能完成的作業，也卯足全力，不到半個月就全部做完了。

之後，他更加確定自己絕對可以比時間更迅速，他就不相信自己會贏不了時間！

態度決定你的前途

人怎麼可能跑贏太陽？

你能跑贏的，只是自己心目中的太陽。

既然人不可能戰勝時間，那麼你唯一能做的，就是儘量在時間之前輸得光彩，輸得問心無愧。

時間的力量終究是無遠弗屆的，但是你卻可以雖敗猶榮，

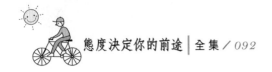
儘量珍惜時間，做一個沒有遺憾的輸家。

　　你不妨抽空看看運動比賽，所有的勝敗關鍵，往往就在那幾秒之間，比賽如此，人生也是如此，你還能說幾秒鐘不值得珍惜嗎？

4.

享受巴掌帶來的好處

不要埋怨生命裡曾經承受的每一巴掌，

因為蛻變是痛苦的，

但是蛻變之後的你，

才能變得更加耀眼奪目！

用心看待看己的生命

你並不是沒有浪費光陰的權利，只要你能浪費得有效率、有品質，那麼你想要適度偷懶，又有什麼關係？

你的一天是從什麼時候開始的呢？

是從打卡鐘響的那一刻開始？還是日上三竿才開始？更或者別人的夜晚才是你一天的開始？

接下的故事，要告訴你一個成功的人，他是怎麼樣安排自己的一天的。

每當午夜十二點，法國文豪巴爾札克便穿著睡袍和拖鞋，走到書房裡，開始了一天的寫作生活。

深夜時分，四周寂靜無聲，整個城市都已沈入夢鄉，唯獨他的思緒分外清醒。

巴爾札克手中的鵝毛筆順暢地在紙上跳舞，沒有一分鐘的停頓，轉眼間，已完成了十幾張稿紙。

連續工作了五、六個小時之後，他伸伸懶腰，揉了揉酸澀的眼睛，到廚房裡煮一杯熱咖啡，到陽台上散散步，呼吸清晨新鮮的空氣。

到了早晨八點，巴爾札克吃過早餐，接著便泡個舒服的熱水澡，一邊閉目養神，一邊思索著接下來要寫的內容；浸泡在浴池中的一小時裡，他已經有了充分的構想。

上午九點，巴爾札克開始修正他已經完成的初稿。這時候，他的靈感像脫韁的野馬，稿紙上畫滿了縱橫交錯的紅線，有時大刀闊斧地刪掉一大段，有時又妙筆生花地添上幾句，整張稿紙猶如一件藝術品，佈滿了大作家嘔心瀝血的痕跡。

到了中午時分，他會停下工作吃午飯，所謂的午飯，有時只是簡單的一個雞蛋、兩片吐司，或者是一小塊肉餅而已，因為他要滿足的是他的胃，不是他的口欲。

下午的時間，他會持續寫作一直到傍晚，直到結束了一天的工作之後，他才允許自己稍微放鬆，舒舒服服地吃一頓像樣的晚餐。

晚上八點，巴黎的夜生活才正輝煌，滿街都是尋歡作樂的人群，並且不時傳來嘻嘻哈哈的笑鬧聲，而巴爾札克為了四個小時後的工作，早已安穩地躺在床上養精蓄銳了。

數十年如一日，他能夠持之以恆，你可以辦得到嗎？

態度決定你的前途

每個人的一天都只有二十四小時，有的人過得像二十四分鐘，有的人卻可以把它變成兩百二十四小時，其中的差別在哪裡？

就在於看待自己生命和工作的態度。

誰不喜歡偷懶？誰不嚮往安逸和閒散的步調？蹉跎光陰其

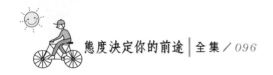

實是一件大快人心的事，但是，如果你不能把握每一分鐘，那麼之後就必須要「壓縮」每一分鐘，把一件需要十分鐘完成的事情在八分鐘做好，剩下的兩分鐘才能拿來為所欲為。

　　你並不是沒有浪費光陰的權利，只要你能浪費得有效率、有品質，那麼你想要適度偷懶，又有什麼關係？

從壞運氣中吸取教訓

俄國幽默作家契訶夫提醒我們：「不要單槍匹馬和千萬人抗衡，不要和風車作戰，不要用腦袋去撞牆。」

凡事都是一體兩面，全賴你用什麼眼光去看待它。

運氣不好的人滿街都是，但是，如果你能從那些壞運氣裡得到教訓、啟示，及時修正自己的想法與做法，這又未嘗不是一種好運？

每個人都有發財夢，自從聽說有人在薩文河畔散步時無意中發現了黃金，並且一夜致富之後，從此這裡就聚集了來自四面八方的淘金客，大家都想當個幸運兒。

這些人有著共同的目標，卻不一定都有著相同的運氣，有的人因此發了小財，也有許多人一無所獲，不過大家仍然興致勃勃，總是希望自己也有那麼一點好運。

瑞德就是「衰運俱樂部」的其中一員，為了一圓淘金夢，他傾家蕩產，把所有的積蓄都押在這塊土地上。但是，埋頭苦幹了幾個月之後，別說金子了，就連一點兒玻璃也沒有，這塊地除了泥土，就是石礫，看著自己花了大把鈔票買來的這一大

片泥土，瑞德簡直欲哭無淚。

苦撐了半年之後，瑞德已經身無分文了，再這麼下去也不是辦法。

他決定要離開這兒，到別的地方另謀出路，他相信，上帝關了一扇門，一定會爲他再開另一扇窗的。

像是跟他揮手告別似的，在瑞德離開的前一天晚上，天空突然下起了一場罕見的傾盆大雨。

這場大雨持續了一整夜，到了黎明時分，雨終於停了，瑞德走出屋外，發現眼前的土地看起來好像有一點不同：泥土的坑洞已被大雨沖刷成平地，青綠的小草害羞地從泥土中探出頭來，輾轉相連成綠茸茸的一片。

他不禁讚嘆著大自然真是一個神奇的魔術師，一夜之間就在不毛之地創造了這麼迷人的風景。

「這裡沒有金子，」瑞德若有所思地自言自語：「但是，這裡有肥沃的泥土。我可以用它來種植花草，然後把這些花草拿來賣錢，有朝一日，我一定會發財的……。」

於是，瑞德利用這片土地從事園藝工作，他種植的花草長得又快又茂盛，既鮮豔又美麗，引來附近居民爭先恐後地搶購。不到幾年的時間，瑞德真的實現了他的願望，成爲一個大富翁。

後來，他驕傲地說：「我是唯一一個在薩文河畔找到真金的人！」

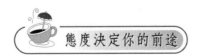

態度決定你的前途

俄國幽默作家契訶夫提醒我們：「不要單槍匹馬和千萬人

抗衡，不要和風車作戰，不要用腦袋去撞牆。」

遭遇失敗，最重要的是是讓自己頭腦冷靜下來，檢討失敗的原因，而不是未經思索就盲目地再接再厲。

不要相信「從哪裡跌倒，就從哪裡爬起來」，這種念頭太固執、太意氣用事了，你明知道爬起來的結果就是再次摔倒，為什麼還要往那裡走？

不管在哪裡跌倒了，你都可以選擇從別處爬起來，既然已經知道此路不通，為何還要跟自己過不去，硬要用自己的腦袋去撞牆呢？

還是趕緊找尋其他的生路吧！

記得，天無絕人之路，條條大路通羅馬，只要你懂得變通，成功一定就在不遠處。

肯定，是最有效的激勵

 肯定，就是最有效的激勵，說得再多，不如讓他自己肯定自己，只要願意，每個人都可以發揮出無窮的潛力。

一句鼓勵、一聲肯定，就能助長一個人的氣勢，增強他的信心；那麼，我們又何必吝嗇我們的口水呢？

你的一句話，也許就能改變一個人的一生。

美國成功學大師拿破崙・希爾處世圓融，有著過人的智慧，一般人都很難想像，童年的時候，他卻被家人認為是撒旦派來的小惡魔。

不管家裡發生任何大大小小的事，不用蒐證，大家都會異口同聲地說：「一定是小希爾幹的！」

而且，八九不離十，最後往往都能找到證據，證明大家的懷疑其來有自，絕對沒有冤枉好人！

希爾的母親很早就去世了，突然的打擊總會使孩子格外早熟，希望用奇特的行徑來引起大人的注意。因此，希爾對製造麻煩這件事樂在其中，甚至以當個「小惡魔」為樂。

直到有一天，父親宣佈他即將再婚，不久便帶著這位將要

成為繼母的陌生人走進家裡。

他們走遍每一個房間，向每一個人親切地問好，當他們來到希爾面前時，父親說：「這就是希爾，是所有的孩子當中最壞的一個。」

這個陌生人把雙手放在希爾的兩肩上，眼睛裡閃爍著慈愛的光芒。她仔細地端詳他的臉孔，就像是媽媽一樣。

這時，拿破崙·希爾心裡浮起了一股熟悉的溫暖，他知道自己將會多一個親愛的家人。

接著，希爾聽到一個溫柔地聲音說：「這是最壞的孩子嗎？當然不是，這是所有孩子中最聰明的一個，我們所要做的，就是幫助他把自己的聰明特質發揮出來。」

希爾的繼母就是這麼樂觀、這麼寬容，永遠只看事情的光明面。往後的日子裡，無論希爾有什麼想法，她都不斷地支持他、鼓勵他，時常和他一起擬定大膽的計劃，然後在他遭遇困難時拉他一把，不斷告訴他：「你一定會成功的。」

拿破崙·希爾的繼母的確沒有看錯，他後來果然是所有孩子之中，最有成就的一個！

態度決定你的前途

美國著名的心理學家威廉·詹姆斯曾說，一般人只發揮了本身百分之十的潛在能力。他強調說：「*每個人只醒了一半，對身心兩方面的能力，只使用了很小的一部分。*」

人具有各種各樣能力，只要懂得發掘，就會創造意想不到的奇蹟。發掘潛能有兩種捷徑，一是勇敢面對困境，一是透過

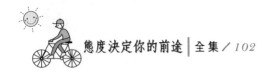
語言的鼓舞力量。

　　古有明言：「人言可畏」，但是人言有時候也是很可愛的，不然運動比賽爲何總是需要有啦啦隊在一旁打氣？

　　與其給別人安慰，或是給他人建議，不如先給對方信心吧！

　　肯定，就是最有效的激勵，說得再多，不如讓他自己肯定自己，只要願意，每個人都可以發揮出無窮的潛力。

享受巴掌帶來的好處

 不要埋怨生命裡曾經承受的每一巴掌，因為
蛻變固然痛苦，但是蛻變之後的你，才能變
得更加耀眼奪目！

挫折、失敗是邁向成功之路不可或缺的教訓，懂得思考的
人會從中得到許多啓示，讓自己的人生從此蛻變。

貝多芬二十七歲的時候，創作的音樂已經贏得了整個維也
納貴族以及普羅大眾的喜愛，他的音樂才華受到世人的矚目，
不啻是一顆正要開始大放異彩的明日之星。

就在這個時候，他的耳朵卻開始出現了一些毛病，醫生證
實他罹患了當時無法治癒的神經性耳聾。

這猶如晴天霹靂，一個音樂家沒有了聽力，就像一隻折翼
的小鳥一樣，對貝多芬來說，在音樂世界裡飛行就是他生命的
全部，音樂是他唯一的天空。

聽不見聲音，他該怎麼辦才好？

貝多芬想盡辦法醫治他的耳朵，任何藥物、偏方都嘗試過
了，可是卻一點效果也沒有。

眼看著病情日益惡化，他卻完全束手無策，焦慮使他暴躁

易怒，絕望令他憤世嫉俗，貝多芬變得喜怒無常，乖戾的性格讓人不敢領教。

有一天，他坐在餐桌前用餐時，因為不滿意女管家做的湯，一氣之下，毫不留情地把整碗湯潑到了她的臉上，令她飽受無妄之災。

有時遇到不如意的事，他也會把墨水瓶摔在心愛的鋼琴上，甚至曾經把水倒在木頭的地板上，讓水從縫隙間滲透到樓下，樓下的住戶就這麼莫名其妙淋了一場毛毛雨。

而當他心血來潮時，卻又可以表現得溫和親切，不但自己煮飯泡茶，還親自動手收拾家裡零亂不堪的殘局。

沈寂了一段時間之後，貝多芬發現承受苦難的是自己，創造快樂的也只有自己，他在日記中寫道：「你啊，可憐的貝多芬！世界不會再給你任何幸福了，除非你從自己的內部創造出快樂。既然現實世界已經不可能，你只有在自己的理想世界裡，才能發現你的快樂。」

為了尋找快樂，貝多芬投入了全部的熱情在音樂創作上，一些膾炙人口的名作，舉凡《熱情奏鳴曲》、《合唱交響曲》、《命運交響曲》……等等，都是他這個時期的作品。

因為他聽不見聲音，所以才更渴望創造聲音，貝多芬在他的理想世界裡，終於找到了屬於自己的快樂。

態度決定你的前途

哈瑞・艾默生・福斯狄克在《洞視一切》一書中說：「斯堪的那維亞半島人有一句俗話，我們都可以拿來鼓勵自己：北

風造成維京人。」

　　命運有時是很詭譎的，它總會先打你一巴掌，再讓你從痛楚中驚醒，享受這一巴掌所帶來的好處。

　　音樂家在無聲的世界裡激發了創作的靈感，科學家在一次次失敗的實驗中發明了新工具，作家歷經困厄、折磨，鍛鍊出生花妙筆。

　　所有成功的契機一開始時，都會以苦難的形式出現。因此，不要埋怨生命裡曾經承受的每一巴掌，因為蛻變固然痛苦的，但是蛻變之後的你，才能變得更加耀眼奪目！

什麼人配什麼眼神

你認為你是什麼樣的人，別人就會用什麼樣
的眼光看待你，如果你想得到別人的尊重，
那麼就請先從改變自己做起吧！

培根在《人生論》裡寫道：「應該把美的形貌與美的德性
結合起來，美才能放射出奪目的光輝。」

想要改變自己的內在，有時必須從改變自己的外表開始，
才能使外貌與內在逐漸美化。

十四歲的小安剛剛領了壓歲錢，想要趁著過年的時候，替
自己買一件新衣服。不過，由於預算有限，只好到二手衣店裡
尋寶。

運氣就是這麼神奇的東西，在一堆破舊的衣服當中，小安
一眼就看到了那件外套。雖然是舊的款式，但是卻像新的一樣
完好如初，而且正好是小安夢寐以求的西裝外套，雙牌扣加上
筆挺的布料，就像爸爸的西裝一樣。

這樣一件全新的外套可能要好幾千塊，但是眼前這一件卻
只要五百元，正好是小安負擔得起的價錢。

小安把外套穿在身上，整整齊齊地扣上了鈕扣，在鏡子前

仔細地左右端詳，無論肩寬、袖長都一寸不差，自己真是最適合這件外套的人選了！小安二話不說，立刻買下了這件外套。

回到家裡，母親不斷地稱讚小安長大了，不但會自己買衣服，穿上這件外套以後簡直比爸爸還帥呢！就連去親戚朋友家拜年的時候，大家的目光也都集中在這件外套上，大家都說小安現在是大人了，還開玩笑的說要幫他介紹女朋友呢。

往後的幾個星期，小安像變了個人似的，變得懂事、有禮貌，不但能和爸爸一起討論社會議題，也能平靜地聽取不同的意見，還時常把「請、謝謝、對不起」掛在嘴上。

空閒的時候，他會替媽媽分擔家務，甚至大方地把自己的MP3借給弟弟，這都是從前懶散、暴躁又斤斤計較的「小安少爺」所做不到的事情。

母親笑著說：「過了個年，小安真是成熟了不少呢！」

小安搔著頭，不好意思地說：「還不都是因為那件外套！穿上了它，我就要像個大人，怎麼能跟以前一樣任性呢？」

態度決定你的前途

美國激勵作家羅曼‧文森特曾經說過：「自信，從某種角度而言，其實可以解讀成一種經過自我包裝的信心。」

如果你對自己欠缺信心，不妨像故事中的主角，藉著適度改變自己的外表，讓自己一步步自然改變。

一般人總是從外表來判別一個人，我們的心境、言行也經常受到外在衣著的影響，如果要改變你的生活，不妨先試著從外在下手。

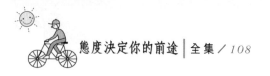
　　有時候，衣服表達的不只是美醜，更代表了一個人的身分、地位，透露著一個人的性格與內在世界。

　　你看起來像個王子，別人也會把你當成王子看待，你看起來像個乞丐，就不要怪別人不給你好臉色看。

　　你認為你是什麼樣的人，別人就會用什麼樣的眼光看待你，如果你想得到別人的尊重，那麼就請先從改變自己做起吧！

你是金錢的主人,還是僕人?

上天是很公平的,也許只有那些真的放得開、夠豁達、能夠視金錢為身外之物的人,才能夠享受到真正的快樂吧!

　　英國作家卡萊爾曾說:「財寶如火,你認為它是有用的僕人,而轉瞬之間,它就搖身變為可怕的主人。」

　　這段話告訴我們,正確地對待金錢,金錢就會是滿足你各項需求的僕人;錯誤地對待金錢,你就會淪為被金錢吞噬掉靈魂的奴隸。

　　有一個富有的商人,事業經營得頗具規模,只要一睜開眼睛,就有做不完的事情,算不完的數字,過著既繁忙又煩惱的生活。

　　富商隔壁住著一戶窮苦人家,夫妻倆以替人洗衣服為生,雖然說家徒四壁,工作既辛苦又粗重,可是他們卻每天有說有笑,生活過得好不愜意。

　　有一天,富商的太太聽見了從隔壁傳來的笑聲,那個聲音像銀鈴似的又清脆又響亮,只有幸福快樂的人才能發出這麼悅耳的笑聲。

富商的太太非常嫉妒，酸溜溜地對丈夫說：「唉！我們家雖然嵌金舖玉，但根本比不上隔壁替人洗衣服的那對窮夫妻，他們雖然窮，可是比我們快樂多了！我們真沒用，連笑也笑輸人家！」

富商聽了太太的抱怨，冷笑著說：「哼！那又怎麼樣？我保證他們從明天開始就笑不出來！」

說著，他隨手就把一箱鈔票從牆頭扔到了隔壁去。

隔天早上，隔壁的窮夫婦發現了那箱來歷不明的鈔票，高興得不得了，兩人緊摟著箱子，直說發財了，再也不用辛苦地替人洗衣服了。

可是，這些錢要拿來做什麼呢？是要做點小生意，還是用來買一間大房子？他們左思右想，不曉得該如何運用這筆天外飛來的財富。

他們的生活變得小心翼翼，生怕別人知道他們發了財，會引來左鄰右舍的懷疑或是樑上君子的覬覦。

就這樣，這對夫妻終日茶飯不思、坐臥不寧，甚至連睡覺也要抱著那一箱鈔票，從此以後，鄰居們便再也沒聽過他們的笑聲了。

富商得意地對太太說：「妳看，他們不笑了吧！想當初，我們不也是這樣開始的嗎？」

態度決定你的前途

有人說，金錢是「抽象的幸福」。正因為如此，大多數人的胸中都藏有追求金錢的慾望，想要藉此提高自己的身分地位，

改善自己目前的境遇。

　　追求財富這股潛在慾望不斷地驅動，使得大多數人為了金錢絞盡了腦汁，也為了金錢傷透了腦筋。

　　金錢是罪惡的開端，萬惡由錢開始；這是富人的煩惱。

　　錢不是萬能，沒有錢卻是萬萬不能；這是窮人的煩惱。

　　對窮人來說，沒錢才是萬惡的開始，只要有錢，還有什麼問題是不能解決的呢？

　　但是，對富人來說，金錢卻是沈重的壓力，也是捨不得擺脫的負擔。

　　有錢的時候，我們提心吊膽；沒錢的時候，我們一籌莫展。

　　無論有錢沒錢，煩惱都會隨之而來。從這個角度來說，上天是很公平的，也許只有那些真的放得開、夠豁達、能夠視金錢為身外之物的人，才能夠享受到真正的快樂吧！

沒有重不重要，只有值不值得

人生的種種煩惱，無非都是「值不值得」的問題，在你下決定之前，請先想想，你的選擇值得嗎？

作家塔伊希·薩利赫曾經說：「生活屬於你，要走什麼樣的道路，全由你自行抉擇。」

不管你做了什麼抉擇，最重要的守則是：要做自己生活的主宰，而不要淪為慾望的奴隸。

阿泰是個大煙蟲，除了睡覺的時間以外，幾乎煙不離手，一天可以抽掉三包煙。

對他來說，睡醒的第一件事情不是刷牙，而是點煙，吞雲吐霧是他的生活中不可或缺的一部分。

有一次，阿泰去北京出差，那天正好降下大雪，天氣又濕又冷，阿泰找了一家旅館落腳，洗了個舒服的熱水澡之後，很快地就進入了夢鄉。

半夜三點鐘，屋外吵雜的貓叫聲使他從睡夢中驚醒，醒來的第一個反射動作，便是伸手想要拿放在床頭的煙。沒想到煙盒裡頭空空如也，香煙不知道在什麼時候就已經抽完了。

　　阿泰下了床，開始搜尋大衣的口袋，口袋裡除了衛生紙什麼也沒有；他又去行李箱那裡碰運氣，結果還是一無所獲。

　　翻遍了整個房間，完全找不到一根香煙，半夜三點，旅館的餐廳、商店都已經關門了，要到哪裡找香煙去？

　　阿泰想了想，記得幾條街外好像有一家便利商店，大概走十分鐘就可以到了，那裡應該有賣香菸吧。

　　於是，阿泰懊惱地脫下睡衣，換上外出的大衣、戴上禦寒的手套、耳罩，當他準備好走出房門時，突然停住了腳步，疑惑地問自己：「我為什麼要這麼做？」

　　他站在門口，看著窗外持續飄落的雪花，想到平常在家的時候，連走到巷口去買一碗麵都嫌麻煩了，現在氣溫是零下五度，自己竟然要在這個天寒地凍的時候離開旅館，冒著大雪出去，而且只是為了要得到一支香煙，這樣是正確的嗎？

　　從這一刻開始，阿泰決定戒煙，他走回房間把那個空煙盒揉成一團扔進垃圾桶裡，抽煙已經是上輩子的事了，他要證明，沒有香煙他一樣可以過得很自在。

　　回到了床上，阿泰帶著一種征服自己的快感入睡，從此以後，他就再也沒有拿起過一根煙了。

態度決定你的前途

　　這個故事不是要勸人戒煙，而是要告訴你，如果對一件事上了癮，就必須承擔上癮的後果，否則，最好不要開始嘗試。

　　如果你是阿泰，在那個下著大雪的寒冷夜晚，你會選擇出去買煙還是留在房間？是抽煙重要還是溫暖重要？

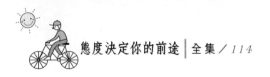

其實，任何一種選擇都沒有對或錯，只是看你願不願意付出選擇之後應付的代價而已。

想要認真的生活，就必須認清對自己真正重要的東西，人生的種種煩惱，無非都是「值不值得」的問題，在你下決定之前，請先想想，你的選擇值得嗎？

不努力，就會淪為生活的奴隸

 懶惰的人如果不試著去改變自己的性格，一味延續舊日習慣，那麼，終究只會成為生活的奴隸。

不經過自身的努力，人就達不到自己想要的目的，任何外來的助力都無法取代你的努力。

世界比你想像中的還要大，只要肯努力，你就能找到成功的契機。

有兩個來自鄉下的年輕人一起到城市找工作，其中一個想去台北，另外一個想去高雄，這兩個都是台灣最繁華的城市，他們心想，不管到哪一個地方，應該都會有不錯的發展。

可是，當這兩個人在車站裡等車時，卻同時改變了主意。

因為，他們聽到了鄰座的中年人在跟朋友聊天，中年人說，台北人十分精明，在台北不管做什麼都要花錢；而高雄人比較熱情，見到沒飯吃的人，不僅會施捨他，甚至還會把他請到家裡來作客。

原本要去高雄的人一聽，覺得台北真是個先進的城市，處處都是商機，有許多肯花錢的人；而那個要去台北的人聽了中

年人的話，對高雄產生了一股嚮往之情，高雄有這麼多善心人士，在那兒簡直可以不愁吃喝。

於是，他們兩個交換了車票，想去高雄的那個人換成了去台北的車票，而想去台北的人則改變主意前往高雄。

不久之後，去高雄的人發現，高雄果然跟傳說中一樣好。他來到高雄已經一個月了，雖然工作沒著落，但是卻一點兒也沒餓著，只要整天待在超級市場裡，就有免費試吃的東西可以填飽肚子，還不時遇到一些熱情的人，會主動招待他這個外地人吃吃喝喝，高雄真是個美好的都市。

而去台北的人也對自己的生活很滿意，台北果真處處都是賺錢的機會，只要動動腦筋，再花點力氣就可以賺錢了。

他發現一些高級住宅區的居民，連倒個垃圾都要請專人服務，每天只要準時收垃圾，再把它送到垃圾場去，就可以賺到一筆足以溫飽的工資。

於是，他從清潔工開始做起，不只倒垃圾，更提供清潔大樓的全方位服務。

不久之後，他存了一筆資金，並且成立了一家清潔公司，自己退居幕後，如今他的公司已有一百五十多個員工，台北市的辦公大樓幾乎由他的公司一手包辦。

十多年以後，這個來台北打拼的人因為拓展業務而到了高雄。在高雄火車站，他不經意看到一個撿破爛的人，一見面，兩個人都不禁愣住了。

他們依稀記得，自己在許多年前曾經跟對方交換火車票，想不到也因此交換了兩人的命運。

 態度決定你的前途

當你看完這個故事，或許會有一些感觸，思索著如果當初沒有交換火車票，他們的結局會有什麼不同？

其實，根本不會有什麼不同，因為決定命運的不是他們置身的環境，而是他們的性格。

好逸惡勞的人無論到了哪裡，可能還是一樣懶惰；而勤奮的人就算遭遇到再大的困境，也一樣能夠找到出路。

懶惰的人如果不試著去改變自己的性格，一味延續舊日習慣，那麼，終究只會成為生活的奴隸。

5.

誰說大象不會走鋼索？

只要有心，盡力就會創造奇蹟，

就連大象也可以走鋼索。

你又何必管別人怎麼說、怎麼想呢？

別把自己限在過去的框框裡

> 觀眾不看了，有更年輕的人選取代你了，你
> 再怎麼留戀這個舞台，也必須下台，這個世
> 界就是這麼現實。

　　人生的舞台不只一個，你能扮演的角色也不只一個，一齣戲演完了，你可以再演另一齣，又何必把自己限在過去的框框裡呢？

　　歲月不饒人，運動員的生涯是很短暫的。帕特‧萊里原本是個受萬人矚目NBA球員，然而隨著年歲漸長，體力也逐漸走下坡之後，被毫不留情地趕出了NBA。

　　鎂光燈下的星星一旦失去了耀眼的光芒，只會被當成一顆擋路的隕石，人很現實，人生更是不得不現實。

　　帕特‧萊里離開了他長久以來習以為常的生活世界，這意味著他同時得離開自己生命中的一部分，包括朋友、同事、一份引以為傲的職業、一個安定無虞的生活。

　　這些更意味著奮鬥了這麼多年之後，他將一無所有，再度歸零。

　　帕特‧萊里很痛苦，無法接受這種改變，心裡滿是怨氣，

花了好長一段時間自艾自憐，還試圖用酒精麻醉自己。

　　直到有一天，他突然想到，如果當初自己沒有成為一位運動員，那麼他將會成為什麼呢？

　　他也曾經有過其他的夢想，嚮往不同的生活，如今，該是實現這些可能的時候了！

　　他想起自己小時候曾經是個忠實的小球迷，但從沒想過有一天自己也能站在場上發光發亮，當時，他最大的願望就是成為球場的清潔工，每天可以看到許多運動場上的大明星，於是他心裡想著：「為什麼我不趁現在去替自己圓夢呢？」

　　帕特‧萊里立定志向之後，重新回到球場，不過這一次，他是用不同的身分。

　　他放下了身段，從最低層的職務開始做起，先是做巡迴賽秘書，然後做湖人隊比賽的球評。

　　一年半之後，他簽約擔任了助理教練，憑著傲人的球技與經驗，不到兩年的時間，他就成了湖人隊的總教練。

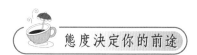

態度決定你的前途

　　不論遭遇什麼失敗挫折，只要對人生抱持著積極樂觀態度，願意全力以付，就能穿越荊棘遍佈的人生道路，度過眼前的難關，開創璀璨的未來。

　　帕特‧萊里在投籃失利之後，並沒有懊悔太久，轉身用最快的速度接下籃板球，結果他贏了，因為他把握了每一次投籃的機會。

　　在人生的舞台上，無論你扮演的是哪一種角色，最後都難

免會有曲終人散的時候。

即使你演得再怎麼得心應手，觀眾不看了，有更年輕的人選取代你了，你再怎麼留戀這個舞台，也必須下台，這個世界就是這麼現實。

不過，你不必自怨自艾，不妨靜下來想一想，你還能做什麼？

勇敢地踏出第一步吧！你會發現，其實世界很遼闊，你的未來仍然掌握在自己手中。

別當永遠的醜小鴨

> 每個人都有不完美、需要遮掩的地方，只要
> 懂得選擇適合自己的「衣服」，你不會永遠
> 都是一隻醜小鴨的。

如果你只著眼在自己的缺點上，像拿一面放大鏡去審視自己的傷口一樣，那麼你只會發現缺點不斷地擴大，逐漸佔滿了你所有的視線。

喬治‧伯恩斯接下演出《陽光男孩》中的一個角色時，已經八十多歲了，在這之前，他已經有三十五年沒拍過電影，對於這份工作，如今就像新人一樣生疏。

開拍之前的一個星期，導演為了正式拍攝時能有最好的效率，特地召集所有的演員把劇本預演一遍。

當導演和製片人到達片場時，發現每個人都帶了劇本，只有喬治‧伯恩斯沒有帶；不帶劇本的演員就像沒帶課本上學的學生一樣，誰會認為他是個好學生呢？

於是，導演把喬治叫到一旁，嚴厲地對他說：「我想你不適合擔任這個角色，今天就要預演了，你竟然連劇本都忘了帶！」

　　然而，喬治聽了絲毫面不改色，用堅定的語氣向導演說：「不要擔心，請開始吧！」

　　預演幾分鐘後，所有人都大吃了一驚，目瞪口呆地望著喬治。因為他不僅背熟了自己的台詞，就連其他人的台詞也一字不漏地熟記在心，整部長達一百多頁的劇本就像刻在他腦中一樣，無論進行到哪個片段，他都能倒背如流，甚至比導演還要熟練。

　　喬治對旁人的稱讚絲毫無動於衷，只是謙虛地笑了笑說，他從小就十分善於背誦，因為他患有閱讀障礙症，無論怎麼努力也無法提升自己的閱讀能力。因此，只要是聽過一次的東西，他就會盡力地把它烙印在腦海裡，用超強的記憶力來掩飾自己不識字的缺點。

　　在他的演員生涯裡，這樣的功夫時常幫助他快速地融入角色，特別是在演出音樂劇時，他可以熟練地背誦一長串的歌詞，讓演出更加得心應手。

　　就這樣，喬治・伯恩斯成功地詮釋了《陽光男孩》中的角色，他的演出流暢自然，贏得了當年奧斯卡最佳男配角獎。

　　八十多歲的他仍然寶刀未老，之後，他繼續參與演出，而且拍了十多部膾炙人口的電影。

態度決定你的前途

　　激勵作家畢傑曾經寫道：「贏家與輸家的差異就在於，一個人面對人生困境，到底具備多少自信。」

　　信心是能否扭轉逆境的關鍵因素，一個人擁有多少自信，

就能創造多少奇蹟。信心，通常來自於一個人如何客觀看待自己的優點和缺點。

人有一短，必有一長，重要的是你必須發揮自己的專長。

經營人生就像穿衣服一樣，如果你的腰圍很大，那就不要穿低腰褲，露出腰上的那一圈肥油；如果你的腿又短又粗，那又何必趕流行穿迷你裙？不是每個人都會欣賞德國豬腳的。

每個人都有不完美、需要遮掩的地方，只要懂得選擇適合自己的「衣服」，麻雀都能變鳳凰了，你不會永遠都是一隻醜小鴨的。

明天的事，留在明天擔心

我們永遠不會知道下一分鐘會發生什麼事情，下一分鐘的事，就等下一分鐘再來擔心吧！

不管你安排得多麼周詳、細密，有時仍舊會有意外發生。

人無法抗拒命運的安排，只要做好準備，那麼又何必擔心那麼多無法控制的意外呢？

就像一般血氣方剛的美國青年一樣，強納森懷著報效國家的熱忱加入了海岸防衛隊，不久被派到海港去安裝炸藥。

這是一項艱鉅而危險的任務，強納森想到自己還是個初出茅廬的新兵，什麼都似懂非懂，遇到事情也不會變通，內心不由得充滿了恐懼。

他負責的是船上的第五號艙，和五個碼頭工人一起工作。看著那些碼頭工人輕鬆地把好幾千磅的炸彈往船上裝，好像他們搬運的只是一大袋沈重的麵粉一樣，萬一一個不小心，引爆了任何一個炸彈，馬上就可以把整條船炸得粉碎，而且連地方都沒得躲。

想到這裡，強納森嘴裡發乾，嚇得手腳發軟，心臟「撲通

撲通」跳得好快，只差沒有屁滾尿流。

　　然而，身為一個美國士兵，他不能跑走，那是臨陣脫逃的行為，還算是一個男子漢嗎？

　　為了保全顏面，強納森只能眼睜睜地看著碼頭工人毫不在乎地把炸彈搬來搬去，心裡暗自祈禱，千萬不要出了任何一點差錯啊！

　　經過一個多小時之後，強納森終於平心靜氣地面對這一切。他告訴自己：「這一個多小時都沒有發生任何差錯，你憑什麼認為會出事？就算是炸彈引爆了又怎麼樣？這種死法只要一秒鐘，你連痛都感覺不到就解脫了，這總比躺在病床上煎熬要好得多吧。反正人終須一死，這件工作又不能不做，唯一能做的，就是讓自己想開一點。」

　　他不斷對自己重複著這些話，然後漸漸覺得如釋重負了一點。當然，從頭到尾，什麼意外也沒發生，而這次的任務也成了強納森記憶簿裡一張珍貴的相片，從此以後，他再也不會輕易地向恐懼低頭了。

態度決定你的前途

　　如果你正坐在一架遇到亂流的飛機上，有人告訴你：「雖然飛機是世界上最安全的交通工具，但是這架飛機還是隨時有可能會墜機的。」

　　這時，你會怎麼辦？

　　都已經飛到空中了，誰也無法讓飛機安全降落。

　　或者你會驚嚇得手腳冒汗，或者會一路唸著「南無阿彌陀

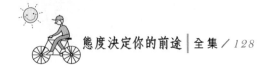

佛」、「上帝保佑」，直到飛機平安降落地面為止，但是，不管你當時的心理狀態如何，都無法左右最後的結果。

飛機會不會墜機，不是你我能控制的，正如世界上的許多事，我們根本沒有能力去改變，既然不能改變，那麼就接受吧。

我們永遠不會知道下一分鐘會發生什麼事情，只能要求自己把該做的做好，下一分鐘的事，就等下一分鐘再來擔心吧！

讓錯誤成為日後的寶藏

教訓往往是從後悔中才能得到的，別害怕犯錯，只要能真切地記取教訓，那麼一切的錯誤都會是你日後的寶藏。

所謂「不經一事，不長一智」，這句話說明了人生的若干階段都只是嘗試錯誤的流程。

失敗、挫折是成長必須付出的代價，也是人生必經的一部分，因此，遭遇失敗、挫折沒什麼值得氣餒的，只要懂得從中汲取教訓，必然可以得到最好的經驗。

有一個三十歲的年輕人，年紀輕輕就獲選為銀行的總裁，就像小孩開大車一樣，難免會使旁人感到些許不放心，而這個年輕人自己也膽顫心驚，不敢有絲毫的放鬆。

有一天，這個年輕的總裁與股東會主席，也就是前任總裁談話。前任總裁已經是個白髮蒼蒼的老人了，坐在總裁的位置上長達三十多年，關於這項職務，應該沒有人比他更了解了吧！

年輕人謙虛地向他說道：「就像您所說的，我才剛擔任總裁這項職務，這真是一個不簡單的工作，希望您可以根據自己多年的經驗，給予我一些寶貴的建議。」

前任總裁看著自己面前的後生小輩，想了一會兒，便以簡短的六個字作答，他一個字一個字地說：「做、正、確、的、決、定。」

年輕的總裁覺得這個建議太籠統了，希望得到更明確的解說。於是他繼續問：「您的建議對我來說非常有幫助，我很感激。但是，可不可以請您再說詳細一點兒？我該怎麼樣才能做正確的決定呢？」

這次，前任總裁的回答更簡短了。他閃爍著充滿智慧的眼睛，看著年輕人說：「經驗。」

新總裁覺得自己問了等於沒問一樣，但仍耐住性子，客客氣氣地說：「您說得沒錯，不過這正是我現在坐在這裡的原因，因為我還沒具備需要的經驗，所以才冒昧地來請教您，我從哪裡可以獲得這些寶貴的經驗呢？」

前任總裁像是想起了什麼似的，他笑了笑，並且用簡潔地口氣說：「錯誤的決定。」

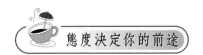

態度決定你的前途

思想家盧梭曾經寫道：「如果一個人打從心底就懼怕困難，懼怕不測的事情，那麼他永遠也成就不了什麼大事。」

不要害怕犯錯，要是內心存有害怕失敗的消極想法，那麼，最終就會什麼事情也辦不成，也無法累積寶貴的經驗。

作家富勒曾經寫道：「自己如果不做自己的敵人，世界上就沒有敵人。」

這是因為，很多人失敗，通常是輸給自己，而不是輸給別

人。想要成功，必須先學會檢討自己，並且不斷記取教訓。

做出正確的決定需要經驗，而經驗卻往往必須從錯誤中獲得，這和「失敗為成功之母」是一樣的道理。

最怕的是，經過了一件錯誤的事，卻仍然沒有增長智慧，所有的時間和苦心都成了白費。

偏偏大部分的人都是這樣，犯過的錯誤總是一犯再犯，即使別人再三提醒，到了最後一刻，仍然重蹈覆轍。

教訓往往是從後悔中才能得到的，別害怕犯錯，只要能真切地記取教訓，那麼一切的錯誤都會是你日後的寶藏。

要為自己努力，不要坐以待斃

不懂得挖掘你內心的寶藏，不懂得用兩隻手
創造你的前途，那時的你才是真的一無所
有。

不要埋怨自己什麼都沒有，什麼都不如別人。

你至少還擁有自己的意志、想法，還有一個健康的身軀，
你已經比其他不幸的人幸運很多了。

有一位年輕人自小家境貧寒，為了負擔弟弟妹妹的學費，
放棄升學，很早就出外謀生以維持家計。

如今，弟弟妹妹長大了，各有自己的一片天空，而他自從
原本服務的公司倒閉之後，求職便四處碰壁。

既沒有學歷又沒有一技之長的他，轉眼間已經失業大半年
了，眼看著積蓄用盡，家徒四壁，年輕人由滿懷希望轉而意志
消沈，對自己不順遂的境況總是怨天尤人。

一天，他無精打采地走在路上，遇見了一位老人。老人對
他說：「你有這麼豐厚的財富，為什麼還要愁容滿面呢？」

年輕人聽了，急切地問：「什麼財富？在哪裡呢？」

「你的財富就是你的一雙眼睛，如果你肯給我你的一雙眼

睛，我就把你想得到的統統給你。」

年輕人考慮了半晌，沒有眼睛，世界只會剩下一片漆黑，那有多麼痛苦啊！

因而，他堅決地說：「不，我不能失去我的眼睛。」

「好吧！那麼把你的一雙手送給我吧！我可以告訴你幾組數字，保證你今天晚上就成為億萬富翁。」

連眼睛都不能失去了，更遑論雙手！年輕人立刻回答：「不，我的手對我來說很重要，一隻也不能失去。」

此時，老人笑了，語重心長地對年輕人說：「是啊！你有一雙眼睛，還有一雙手，這是用再多錢也買不到的啊！它們是你最豐厚的資產，擁有一雙眼睛，你就可以觀看，可以學習；擁有一雙手，你就可以勞動，可以工作。你所擁有的，是世界上最大的寶藏，那麼，你為什麼不好好運用你所擁有的寶貴資產呢？」

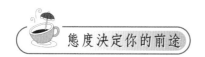 態度決定你的前途

人往往是自己最親密的敵人。

不少人經常犯這樣的錯誤：不願意為自己努力，動輒怨天尤人，坐以待斃，徒然消耗自己寶貴的時間和精力。

其實，只要你還有健康的身體，只要你願意振作，任何時間點都可以是自己生命的轉捩點。

健康的身體就是一座天然的礦山，無論眼前如何，只要你肯努力，裡頭的金子自然會源源不絕地湧現。

如果你不妥善運用，終日愁眉苦臉地坐以待斃，那麼就算

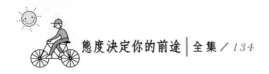

坐擁著天大的財富，它的外表依然覆蓋著灰茫茫的砂石，遮住了裡頭黃澄澄的金子。

如果再不懂得珍惜，不懂得挖掘你內心的寶藏，不懂得用兩隻手創造你的前途，總有一天，你會老去。

連這個健康軀殼都失去的時候，你才會發現，你的寶藏已經枯竭，那時的你才是真的一無所有。

成功沒有既定的時間表

成功沒有標準模式，也沒有既定的時間表，
你只能要求自己多努力一點、多付出一點、
多說些好話、更要多做些好事。

　　現代人喜歡斤斤計較，喜歡學股市名嘴談所謂的「投資報酬率」，總是計算著自己付出多少，得到的回報又有多少。

　　其實，人生不是加減乘除，再如何精心計算，也不一定能如願，何妨以豁達的心胸包容一切？

　　即使自己的苦心付諸流水，也不必有所怨懟。

　　一分耕耘一定能有一分收穫，那分收穫也許來得很晚，但是只要你有耐心，你就一定能看到你所付出的回報。

　　小鄭是不景氣衝擊下的另一個受災戶，時機不好，公司減薪又裁員，使得他頓時成為失業人口。

　　他打從畢業起就待在這家公司，一待就待了十年，人生最美好的青春歲月全都奉獻在這裡。

　　公司生意好的時候，加班熬夜他全力配合，如今老闆一句「公司今年沒賺錢」就要他捲鋪蓋走路，這個世界還有沒有天理？

　　幸好小鄭的個性一向樂觀進取，計劃趁著這段時間出門走走，來個環島旅行，一方面放鬆身心，一方面替自己充電。

　　就像日劇裡所講的：「當作是給自己放個長假吧！」小鄭決定出發去尋找人生的意義，思索一下未來的方向。

　　途中，他經過一個村莊，這個村莊離水源地很遠，在這裡，水是非常珍貴的，因為所有的生活用水都必須要到很遠的小河裡去挑，這麼一來一回，有時就得花上一整天的時間。

　　小鄭發現在那一長列的擔水大軍中有一個老人，肩上的兩個水桶都已經年久失修，出現了裂縫，一路上滴滴答答的一直漏水，雖然漏得不多，但是這麼半天下來，滿滿的一桶水也只剩下半桶。

　　小鄭走上前去，不解地問道：「老先生，難道你沒發現水桶正在漏水嗎？為什麼不修理一下呢？你們花了這麼多時間和力氣挑水，就這樣漏掉了，多浪費呀！」

　　老人聽了一點兒也不著急，微笑著說：「你放心，只要曾經認真付出過，所有的熱情都不會浪費，更何況我灑的水是如此珍貴啊！」

　　小鄭聽得一頭霧水，每個人都有自己的想法，雖然他不能理解，但是也無權左右。

　　一直到數個月之後，小鄭才終於領悟到老人話中的含義！

　　當他身心疲憊地踏上歸途，重新又經過這座村莊時，他的眼睛一亮。眼前的景象實在令人不可思議，原本光禿禿的泥土路上竟長出了一叢叢的翠綠青草，老人走過的地方竟開滿了艷麗的野花。

態度決定你的前途

《十二個人定勝天的故事》作者威廉‧波里索曾說過：「生命中最重要的事就是不要害怕付出。這一點正是一個成功和失敗的最大區別。」

無論好事壞事，不是不報，只是時候未到。

凡是走過的，必定留下痕跡，你所做的每一件事情，老天自然會有所回應，只要平心靜氣地努力，不再急功近利、怨天尤人，你的收穫不是現在，就是在未來。

成功沒有標準模式，也沒有既定的時間表，你只能要求自己多努力一點、多付出一點、多說些好話，更要多做些好事。

誰說大象不會走鋼索？

只要有心，盡力就會創造奇蹟，就連大象也可以走鋼索。你又何必管別人怎麼說、怎麼想呢？

莎士比亞曾說：「人有時可以支配自己的命運，要是受制於人，那錯誤不在命，而是在於自己。」

人就是自己命運的主宰，只有意志不堅、缺乏自信的人，才會因為別人的冷嘲熱諷而改變自己的志向。

小琪剛上大學的時候，班上有一位來自鄉下的同學，國語說得非常不標準，說起話來經常是：「偶贈在出喚」，意思是「我正在吃飯」。

除了發音不準確之外，他的文法也不見得正確，像「老師給我打」這類台語翻國語的句子，就時常出自他的尊口。他的每一句話，在其他人聽來都像猜謎遊戲，偏偏他卻瘋狂地喜歡詩詞文學，而且還立志要當個詩人，想出版幾本詩集。

小琪聽了他的夢想，實在忍俊不住，這就像大象要走鋼索那般可笑。

口直心快的小琪告訴那位同學：「就憑你那點水準，要寫

詩，等到二月三十號吧！」

　　那位同學一時沒聽懂小琪的意思，立刻追問說：「爲什麼要等到二月三十號？」

　　「因爲，二月根本沒有三十號啊！」小琪懶洋洋地解釋著：「所以所有不可能的事情，都會發生在那一天。」

　　同學聽了臉色大變，起初他有些驚愕，但是過了一會兒便像領悟了什麼似的，神色豁然開朗。

　　八年後，小琪收到了這位同學寄來的一本詩集，裡頭附著一封信：

　　「這是我的第一本詩集，我終於做到了。這麼多年來，我一直記得妳的鼓勵，妳說過，所有不可能的事情都會發生在二月三十號，雖然當學生的時候，我自己也認爲出詩集只是一個夢想，而且幾乎是不可能的事情，但是妳讓我明白，即使再怎麼不可能的事情，也會有發生的時候。日曆上沒有二月三十號，但是人的心裡卻有，因而我怎麼能不竭盡全力，去創造自己的二月三十號呢？」

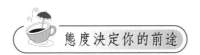

態度決定你的前途

　　「二月三十號」是真實存在的，只要有心，盡力就會創造奇蹟，就連大象也可以走鋼索。

　　天底下所有的不可能，都是人們在腦海中自我設限後所認定的，例如，電燈、電話、電視、洗衣機……，在以前不都是天方夜譚？但是，現在卻都成了家常便飯。

　　事實證明，人們所謂的「不可能」，只是他們膚淺無知，

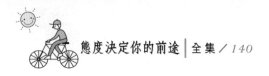
不知道這個世界有多麼寬闊、多麼奧妙而已。

　　人生也是如此,未來的事沒有人知道會如何發展,我們所能左右的只是自己的努力程度,因此,你又何必管別人怎麼說、怎麼想呢?只要照著自己設定的人生方向往前走,你就能看見自己的璀璨未來。

衝鋒之前，請先催眠自己

人的潛意識裡蘊藏了無窮的力量，既然外在環境無法給你幫助，那麼何不在腦袋裡，尋找一些新的力量？

如果要你用一隻手抓起一個大男人，你認為可能嗎？

在一般情況下，你也許做不到，但是看過這則故事之後，你要相信，你絕對可以做得到！

赫赫有名的心理學家哈德菲爾德，曾經做過一個很有趣的實驗，他試圖證實人的心理狀況對生理能力有著莫大的影響。

他請來三個人，要求他們使出全力緊握測力計，然後給予他們三種不同的狀況進行測試。第一種是正常的清醒狀況，在相同的情境裡，三個人的平均握力為一百零一磅。

接著，心理學家將他們催眠，並告訴他們現在的身體狀況非常衰弱。實驗的結果顯示，他們只有二十九磅的握力，是正常體能的三分之一。其中，甚至有一個彪形大漢，得過兩屆拳擊冠軍，不過在催眠的狀態中，他覺得自己的手臂非常纖細瘦小，和一個嬰兒沒有兩樣。

在進行第三種測試時，這三個人在催眠中被告知自己是個

強壯的大力士，只要用一隻手就可以把一棵樹連根拔起。

當他們心中都充滿了這股積極的力量時，每個人的力氣都提升了將近百分之五十，平均握力達到一百四十二磅。

實驗結束後，這三個人看著自己在催眠中的表現，幾乎不敢相信，異口同聲地說出了他們的感想：「天哪！這真是太神奇了！」

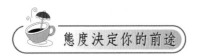

態度決定你的前途

化妝品和印度神油或許有一定的功效，但是，它們最大的效用，其實就是發揮「催眠」的效果。

化妝品讓女人相信自己真的會變美麗，印度神油讓男人相信自己真的可以更加勇猛，結果，他們真的脫胎換骨了。

連青春都可以起死回生，還有什麼事情不可能發生？

當你再怎麼努力也無法達成目標時，不妨將自己催眠吧！讓自己相信所有的不可能都有可能，所有的「沒辦法」都可以解決。

人的潛意識裡蘊藏了無窮的力量，既然外在環境無法給你幫助，那麼何不在腦袋裡，尋找一些新的力量？

6.

有耐心的人，
才能獲得最後勝利

沒有耐心，

只想以最快的速度達到目的的話，

結果不但會一無所得，

還白白浪費了自己的能力。

心境就是通往幸福的捷徑

真正的幸福就來自於我們的內心。只要你覺得幸福，不論在什麼環境，你都是一個幸福的人。

作家萊辛曾經寫道：「我們的徬徨和無助，多半是基於我們對生命無知。」

其實，所謂的生命瓶頸，絕大多數是因為我們過高地評估問題的嚴重性和困難度，因此，我們才會將別人眼中輕而易舉的問題，當成是自己生命中不能承受之重。

很久很久以前，在挪威的一個小村莊裡頭，有一個整天愁眉不展的年輕人，總覺得自己是世上最不幸的人。於是，他天天向上帝祈求，希望上帝能讓自己獲得幸福。

上帝聽到年輕人的祈求，就派來一位天使。天使把年輕人帶到一個峽谷，告訴他這裡就是充滿神奇魔力的幸福峽谷，也是「人間天堂」。

年輕人看著峽谷中繁花盛開的美景，心情不由得豁然開朗。他還來不及對天使表示感激，天使就說：「每個人的一生中只能來這個峽谷兩次，你要好好珍惜另一個難得的機會啊！」

話剛說完，天使就消失不見了。

等到暮色降臨，年輕人才依依不捨地離開峽谷。從此，這個年輕人的生活態度有了大幅度轉變，因為他知道幸福峽谷能夠為他帶來幸福，他也一直牢記天使的告誡，不輕易動用他最後的機會。所以，他決定盡自己的最大努力去解決問題，不到萬不得已，絕對不到峽谷去。

奇怪的是，在他的努力下，所有的問題都迎刃而解，到了晚年，他已經是著名的成功人士。

在他生命的最後階段，他獨自來到幸福峽谷，跪在峽谷中感激上帝對他的厚愛，賜予他無限的幸福。

這個時候，天使倏然出現在他的面前，告訴他幸福全靠他自己的雙手去創造的，上帝只不過幫了他一點忙而已。

他不相信，說道：「這裡不是具有魔力的幸福峽谷嗎？」

天使笑了一笑，反問他說：「難道你真的認為，這裡跟別的峽谷有什麼不同嗎？」

當年的年輕人楞住了，仔細的觀察眼前的峽谷，終於恍然大悟。

態度決定你的前途

對生活的態度往往只取決於一念之間，樂觀的人覺得人生處處是幸福，所以過得幸福快樂；至於悲觀的人，因為有著悲觀的想法，於是注定會有悲觀的結果。

很多人以為追求幸福是一件很困難的事，其實，真正的幸福就來自於我們的內心。

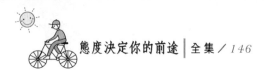

只要你覺得幸福，不論在什麼環境，你都是一個幸福的人。所以，你的心境，就是通往幸福最快速的捷徑。

愛迪生曾經這麼說：「失敗也是我所需求的，它和成功對我一樣有價值，只有在我知道一切做不好的方法以後，我才知道做好的方法究竟是什麼。」

的確，在人生過程中，一遇到瓶頸就不敢面對的人，會把瓶頸當成沉重的包袱。但是，勇於突破的人，則會把它當作邁向成功的墊腳石。

有耐心的人，才能獲得最後勝利

沒有耐心，只想以最快的速度達到目的的
話，結果不但會一無所得，還白白浪費了自
己的能力。

每個人都知道耐心的重要，但卻不是每個人都做得到。

因為，現實生活講求的是效率和快速，所以真正有耐心的
人，也許還會被嘲笑也說不定。

第二次世界大戰前，英國首相邱吉爾和德國的獨裁者希特
勒秘密見面，兩個人在花園裡邊走邊談。

來到水池邊時，邱吉爾突然提議兩個人來打賭，看誰能不
用釣具就將水池中的魚抓起來。

希特勒心想這還不容易，馬上從腰間拔出手槍朝池中的魚
連射數槍，結果，雖然激起了一大片水花，但是一條魚都沒有
射中。

希特勒無奈的對邱吉爾說：「我放棄了，看你的吧！」

只見邱吉爾不慌不忙地從口袋裡掏出一把小湯匙，開始一
匙一匙地把水池裡的水舀出來。

希特勒看了，相當不以為然，在旁邊大喊：「你這樣一匙

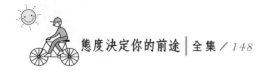
一匙的舀，要等到什麼時候水才會被舀光啊！」

邱古爾笑著回答希特勒：「這個方法雖然慢了一點，但我保證，最後的勝利一定是屬於我的。」

態度決定你的前途

有一句話語：「欲速則不達」，說明耐心在生活裡的重要。

可是，在步調緊湊的現實生活裡，要事事都耐著性子來處理的話，卻也不是一件容易的事。

不過，耐心的重要性還是不容忽視，因為，並不是每一件事都可以依照自己的心意進行，學會耐心的等待，一來可以減少自己的得失心，二來在這段等待的過程中，也許能出現更好的機會也不一定。

總而言之，如果你像希特勒般沒有耐心，只想以最快的速度達到目的的話，結果不但會一無所得，還會白白浪費了自己的能力。

失敗是你的權力

沒有失敗的陪襯，就不會知道成功是如何珍貴。只要不是失敗於同一個原因，失敗就不是一件丟臉的事。

「許多人夢想成功，但是對我來說，成功只有在經過多次的失敗，以及對失敗進行過反省才能獲得。而且，所謂的成功，只代表著你的工作的百分之一而已，其餘的百分之九十九則意味著失敗。不過，既然還有百分之一的希望，就應該堅持下去！」

這段話，是日本著名的企業家本田宗一郎在密西根大學獲贈榮譽博士學位時的演講詞。

他還曾經把這段講詞濃縮成一個簡潔有力的忠告：「企業家必須善於瞄準不可能的目標，以及擁有失敗的自由。」

本田宗一郎出生在貧窮的家庭，是一個在路邊修理自行車的窮鐵匠的兒子。

雖然他的家境貧窮，但是，這樣的成長環境對他剛開始試製摩托車時產生了極大的作用，因為父親的關係，本田宗一郎從小就對解決機械問題有濃厚的興趣。

　　本田宗一郎的家境不好，爲了避免同學的嘲笑而經常逃學。他雖然不喜歡上學，但是對汽機車和機械裝置的喜愛卻是有增無減。他曾在在自傳中描寫自己小時候第一次看到汽車情形：「我很激動，忘掉了一切，只顧著跟在車後跑，雖然那個時候，我只是個孩子，但總有一天我要製造自己的汽車的想法已經開始萌芽。」

　　懷著這個信念，終於，在二十世紀五〇年代，本田宗一郎創立了屬於自己的汽車公司，接著在五年內打敗了二百五十個競爭對手，確立了本田汽車公司在日本的地位。

態度決定你的前途

　　本田一直不認爲失敗是丟臉的事，他曾經說過：「回顧我的工作，就是一連串的失敗和犯錯罷了。不過，我很自豪的一點是，雖然我接二連三的犯了許多錯誤，但是這些錯誤和失敗，都不是同樣的原因造成的。」

　　如果沒有失敗的陪襯，就不會知道成功是如何珍貴。

　　歷史上沒有一個成功人物沒有失敗過，可見失敗是成功的必經之路；只要不是失敗於同一個原因，失敗就不是一件丟臉的事。

　　然而，要是一而再，再而三的在同樣一件事情上犯錯，這就不叫失敗，而是愚蠢了。

賣東西，要賣到顧客的心坎裡

如果產品能確實銷售到消費者的內心，那麼就是為口碑行銷奠定了良好的基礎。

不論多好的產品，如果賣不出去，也會遭到淘汰。

想要在現代的市場中擁有一席之地，除了替商品找出賣點之外，設法打動顧客的心也是必須的。

多年來，美國各地的花圃都以園藝學家大衛‧波比的《花草種子郵購目錄》作為季節性的銷售指標。目錄上建議該種什麼花，美國成千上萬的花園裡就會出現這些花。大衛‧波比的成功，在於除了園藝技巧高超之外，他還懂得用不同的方式打動顧客的心，讓顧客高高興興的購買他的產品。

有一次，一個不喜歡花草的年輕人受家人之託，到波比的花圃買花。波比看到年輕人一臉不情願的神色，就對他說：「想不想知道怎樣才可以過得輕鬆一點？」

年輕人聳聳肩，表示聽聽也好。

波比說：「要不要試試看吸毒，保證你馬上就會放鬆。」

年輕人很驚訝的看著波比：「你瘋了嗎？吸毒是犯罪的行

為，怎麼可能讓自己放鬆！」

「那麼，你就隨便去找個女孩結婚，如果婚姻不美滿的話，再離婚也不遲。」波比又出了一個主意。

聽了波比這麼不負責任的話，年輕人沒有回答，只是搖搖頭。波比看了年輕人的反應，說：「如果你不喜歡的話，那去好好的大吃一頓，你一定會覺得輕鬆的。」

年輕人開始不耐煩了，對波比說：「我又不是小孩子，有東西吃就會高興。你這些方法沒有一個管用！」

波比聽完年輕人的話，話鋒一轉：「既然這些方法都不好，那你要不要學學我？」波比指著自己的花圃：「學著種點花草，你隨時隨地都會覺得自己輕鬆又愉快。」

年輕人看著波比的花圃，雖然已是深秋時節，但花圃裡還是百花齊放，看了果然讓人心曠神怡。

年輕人原本不耐煩的臉色漸漸舒緩，臨走的時候，還順手帶走了一份郵購目錄。

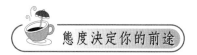

態度決定你的前途

在行銷的世界中，某位大師曾經說過這麼一句話：「口碑行銷永遠是最好的行銷。」

確實如此，如果產品能夠感動消費者的內心，那麼就是為口碑行銷奠定了良好的基礎。

只要你能在顧客心目中留下良好的印象，他們對產品的忠誠度，是任何廣告也動搖不了的。

一次只下一個定義

當你認為自己失敗的時候，先仔細想一想到底
是真的失敗，還是因為自己對事情的限制太
多，結果讓自己被失敗的假象蒙蔽。

有一句成語叫「人多嘴雜」，同樣的一件事，如果同時有
一群人各有不同的意見，那事情只會變得越來越複雜。

我們的心何嘗不是如此？要是一次為一件事下了太多的定
義，再簡單的事，也會讓我們暈頭轉向。

有一天，一個女孩問她的父親：「爸爸，為什麼我的東西
總是很容易就弄亂了呢？」

父親反問女兒：「妳所謂的『亂』，是什麼意思？」

女孩回答：「『亂』就是指沒有擺整齊。昨天晚上我花了
很多時間把書桌重新整理好，可是就是沒辦法保持很久。」

父親聽完，就叫女兒：「妳把妳認為的整齊擺給我看。」

女孩聽父親的話，便開始動手把書桌上的東西都歸定位，
然後說：「你看，現在它不是整齊了嗎？可是，就是沒辦法一
直保持。」

父親再問女兒：「如果我把妳的水彩盒往這裡移動一點點

可以嗎？」

女孩回答：「不行啦，這麼做，書桌就又弄亂了。」

父親繼續說：「如果我把這本書打開呢？」

「那也叫亂。」女孩回答。

父親這時笑著對女孩說：「乖女兒，這不表示東西很容易弄亂，而是在妳的心裡對亂的定義下得太多了，但對整齊的定義卻只有一個。」

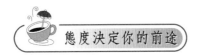

態度決定你的前途

對一件事情下太多定義，不但做起來會有綁手綁腳、施展不開的感覺，而且如果稍微沒有按照規定去做，就會覺得自己沒有做好，讓自己陷入「失敗」的錯覺中。

所以，當你認為自己失敗的時候，先仔細想一想到底是真的失敗，還是因為自己對事情的限制太多，結果讓自己被失敗的假象蒙蔽。

有錢，不一定會變得更快樂

 人一有了錢反而變得不快樂的原因，在於他
們只看到眼前的金錢，忘記了以前生活中比
金錢還要美好的東西。

在這個世界上，很少人會說自己不喜歡錢，有句話不就說：
「錢不是萬能，但沒有錢卻萬萬不能」嗎？

就為了怕會「萬萬不能」，所以有很多人費盡心思去賺錢。
但是，賺了錢之後是不是就真的一切順利？卻也並不一定。

有一個貧窮的農夫，每天都忙著耕種鋤草，雖然日子過得
很辛苦，但是他卻感到心滿意足。

有一天，他像往常一樣在田裡鋤草，突然間鋤頭碰到一塊
硬硬的東西。農夫相當好奇，便奮力往下挖，不久，土裡竟然
出現了一座由金子打造、價值連城的羅漢像。

農夫因為發現了這座金羅漢，由原本的貧窮搖身一變，成
為一個大財主，整個村子裡的人對農夫的好運都是既羨慕又嫉
妒。

照理來說，農夫從此應該過得很快樂，可是他卻反而悶悶
不樂。

以前的農夫，只要能夠吃得飽、穿得暖，就感到無憂無慮，非常自在。自從挖到金羅漢之後，就算每餐都是山珍海味，他也食不知味，睡覺也睡得不安穩。

除了害怕金羅漢被人家偷走這個原因之外，他吃不下、睡不著還有另外一個原因。

農夫每天都苦惱的想著：「十八羅漢裡面我只挖到了一座而已，其他的十七座不曉得在什麼地方？要是連這十七座羅漢我都能找到，那該有多好！」

態度決定你的前途

人一有了錢反而變得不快樂的原因，在於他們只看到眼前的金錢，忘記了以前生活中比金錢還要美好的東西。

農夫就是因為被貪婪蒙蔽了理智，所以才墮入了金錢的地獄裡。

成為一個有錢人當然是件好事，只要記住錢是由我們來支配，而不是由它來支配我們的話，我們就可以盡情享受金錢所帶來的各種好處，讓生活變得更好。

以貌取人，小心讓自己下不了台

只會以外表來判斷一個人，不但讓自己成為
笑話，也會讓自己被視為膚淺的人。

在武俠小說裡，我們經常可以讀到，許多外表看起來貌不
驚人的人，往往都是身懷絕技的武林高手。

在現實生活中，也存在著許多外表平凡，卻擁有真才實學
的人。如果只單憑外表來判斷一個人的話，遇到深藏不露的世
外高人，便會因此鬧出許多笑話，徒然讓自己尷尬得下不了台。

有一個有錢美國人到法國旅行，當他正在巴黎郊外散步的
時候，忽然看到有一個老人正在一所漂亮的別墅花園裡澆花鋤
草。

美國人看這個老人不但栽種花木的技術純熟，神情也非常
負責認真，由於他家中也有一座美麗的花園，覺得自己家裡的
園丁都比不上這個老人，於是就興起了聘請老人到美國替他工
作的念頭。

這個美國人走到老人的面前，問他願不願意到美國去做他
家的園丁，他可以給他很高的工資，還能負擔他一路上的旅費。

　　為了引起老人的興趣，他還把美國種種的情形加油添醋的大說特說，彷彿美國是個人間天堂一樣。

　　老人微笑著聽完美國人的話，接著說：「先生，真是對不起，我很感激你的好意，但是我另外還有一份工作，沒有辦法離開巴黎。」

　　美國人驕傲地說：「你乾脆全部辭掉吧，我會好好補償你的。你除了園丁之外還做些什麼？是養雞嗎？」

　　「不是。」老人回答：「如果法國人下次不再選我的話，我就可以到你家裡去做事了。」

　　美國人聽完，好奇的問：「法國人要選你做什麼啊？」

　　「不好意思，先生，我是法國總統。」

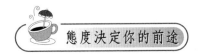

態度決定你的前途

　　一個有成就的人，就會明白「人外有人，天外有天」的道理，所以行事自然會低調、內斂。

　　相反的，越是自以為是的人，越喜愛出風頭也越容易出現尷尬的場面，讓自己下不了台。

　　如果不明白這個道理，只會以外表來判斷一個人，不但會頻頻鬧笑話，也會讓自己被視為膚淺的人。

挖空心思，就會有更多收入

只要加上一點點小技巧，結果就會有大大的不同。只要跳脫舊有的模式，即使是老產品，也能重新吸引人們的注意。

不要覺得生意人很奸詐，他們只不過是比平常人更洞悉人性而已。

商人們挖空心思、花招百出，無非是為了賺更多錢，只要取之有道，又有何不可呢？

有一家專門生產牙膏的公司，牙膏品質好、包裝佳，市場佔有率很高，非常受消費者的歡迎。

從創立之後，公司的營業額連續十年不斷地向上攀升，每年增長的幅度都在百分之十至百分之二十，是一個不容小覷的優質企業。

但是，到了第十二年，市場已經趨於飽和，該公司的業績也開始出現停滯的現象，之後的兩年甚至呈現負成長。

公司總裁察覺事態嚴重，必須馬上挽回頹勢，便立即召開緊急會議，與公司主管們共同商討對策。

會議中，公司總裁為了鼓勵員工們積極參與，便大方地向

在座的所有人員承諾說：「只要誰能夠想出好的應變策略，可以讓公司的業績增長，我馬上重賞十萬元獎金。」

此時，有位新上任的年輕經理站起來，遞給總裁一張紙條。總裁打開紙條讀過一遍之後，笑容漸漸浮現在臉上，而且馬上起身開了一張十萬元的支票給這位經理。

究竟這位年輕經理在紙條上寫了些什麼呢？

紙條上頭只寫了一句話：把現在牙膏的開口擴大一毫米。

多麼簡單的一個辦法！卻是增加銷售量有效的靈丹妙藥。

消費者每天早晚刷牙都有一定的習慣，擠牙膏的長度受習慣所支配，不會輕易加長或縮短，但是只要牙膏的開口擴大一毫米，消費者就會在不知不覺中多用一毫米寬的牙膏。

全世界的消費者這麼多，如果每個人每天多用了一點點，那麼每天牙膏的消耗量將會增加多少呢？

這真是個絕妙的點子！

公司總裁立即下令更換牙膏的包裝，到了第十五年，公司的營業額果然急速上升，而且增加了百分之三十，這項成績全都歸功於他們亮麗的「新包裝」。

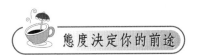

態度決定你的前途

面對生命中的各種難題，用不同的角度解讀，往往會得到不一樣的結果，找到全新的道路。

俄國作家克雷洛夫曾說：「有天分而不持續運用，天分一定會消退。如果你不掌握向前邁進的速度，那麼你將在慢性的腐朽中逐漸衰滅。」

　　確實如此，唯有經常動動腦，認真開發自己的天分，才會被這個日新月異的社會淘汰。

　　看了前面這則故事，你終於了解為什麼市面上的產品總是喜歡每過一段時日就更換包裝了吧！

　　每一次改變，其實都暗藏著消費者不了解的玄機。

　　做生意的法則萬變不離其宗，那就是絞盡腦汁讓消費者心甘情願掏出錢來購買自己的產品。

　　只要加上一點點小技巧，結果就會有大大的不同。

　　「換湯不換藥」、「舊瓶裝新酒」這些都是百戰百勝的行銷手法，因為它符合了人們喜新厭舊的天性，只要跳脫舊有的思維模式，即使是老產品，也能重新吸引人們的注意。

7.

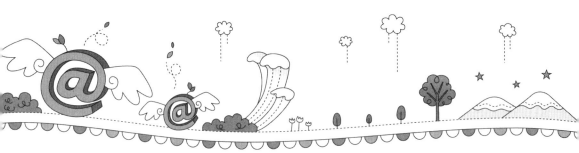

別讓安全感阻礙了你的進步

如果你從來不做自己能力範圍以外的事，

也許你從來不會出錯，

但是你也因此缺少了讓自己更上一層樓的機會。

別讓安全感阻礙了你的進步

如果你從來不做自己能力範圍以外的事，也許你從來不會出錯，但是你也因此缺少了讓自己更上一層樓的機會。

事情的困難度，往往隨著我們面對的態度而改變。

態度正是改變不如意際遇的關鍵因素，遇到層出不窮的各種障礙，如果你不願意試著改變態度，當然就無法心想事成。

有一位音樂系的學生，接受一位新的指導教授指導之後，每一天都必須彈奏一首超高難度的樂曲。經過了三個月的時間，這個學生對自己演奏鋼琴的信心已經跌到谷底。

這個學生實在不明白，為什麼教授要以這種方式來整人。

這位教授是極有名的鋼琴大師，從上課的第一天開始，他就給學生一份高難度的樂譜，學生彈得非常生澀而且錯誤百出。

教授在下課的時候，總是要學生回家好好練習。

學生苦練了一個星期，等第二次上課時準備讓教授驗收成果，沒想到教授又給了他一份難度更高的樂譜，上星期的課教授一句話也沒提。學生只能再次向更高難度的技巧挑戰。

從此以後，這樣的教學方式成了慣例。學生每一次在課堂

上都要彈一份比之前更難的新的樂譜。

　　因為怎麼樣都追不上進度，所以學生一點也沒有因為一星期的苦練而有駕輕就熟的感覺，反而感到越來越不安、沮喪和氣餒。

　　三個月之後，學生再也忍不住了，他向指導教授提出了嚴重的抗議。教授面對學生的抱怨，一句話也沒說，只是讓他彈奏之前練習過的樂譜。這個時候，學生發覺自己居然能將困難的曲子彈得如此流暢！

　　這個時候，教授對學生說：「如果，我任由你表現最擅長的部分的話，你到現在都還在練習最早的那份樂譜。如此一來，你根本就不會有現在這樣的程度出現。」

態度決定你的前途

　　在工作的時候，總會有些人只要上司指派了稍微困難的工作給他，就因此而愁眉苦臉、抱怨不停的人。

　　這些人抱怨的原因，往往是因為工作的內容超出了他的能力範圍。

　　當他們在抱怨的時候，他們似乎忘記了自己現在的能力，不也是經過許多不同的工作累積出來的嗎？

　　如果你從來不做自己能力範圍以外的事，也許你從來不會出錯，但是你也因此缺少了讓自己更上一層樓的機會。這樣一來，你就永遠不會知道自己存在著多大的潛力。

有時，無知也是一種幸福

豪情萬丈、知足常樂，孰是孰非、誰對誰錯
並不重要，重要的是你想要哪一種生活方
式。

　　無論你選擇的是哪一種人生，每一種都有優點和缺點，有
不同的幸福和遺憾，只要心甘情願，你的人生就能充滿喜悅，
並且了無遺憾。

　　透過薄薄的一層膜，兩隻蝶蛹好奇地往外看，外面五彩繽
紛的世界和自己身處的雪白天地是多麼的不同啊！

　　「外面真是太漂亮了！」一隻蝶蛹忍不住驚嘆道：「我真
希望現在就可以飛出去欣賞一番！」

　　「別傻了，我才不想呢！」另外一隻蝶蛹說：「前些日子
突然下了大雨，蜜蜂呀、蝴蝶呀，手忙腳亂地四處尋找遮風蔽
雨的地方，那個樣子說有多狼狽就有多狼狽，平時打扮得再怎
麼艷麗，到了這種時候，又有什麼值得羨慕的呢？」

　　「可是，畢竟晴天還是比雨天多啊！」第一隻蝶蛹說。

　　「那又怎麼樣？你以為晴天就是太平天了嗎？」第二隻蝶
蛹十分不以為然：「你沒有看新聞嗎？昨天才剛剛發生的事呢！

有三隻短命的青蛙不小心跳進了蛇的肚子裡，還有一隻可憐的麻雀被不曉得從哪裡冒出來的石頭擊昏，外面的世界危機四伏，實在太可怕了！」

「可是，我們在這個小小的蛹膜裡，只能一動也不動地蜷曲著，活著也沒有意思，有什麼好呢？」

「我說你呀，簡直是身在福中不知福，別人羨慕我們都還來不及呢！除了蝶蛹，誰有這麼好的住所？蝶蛹雖然小，但是安全、有保障，而且環境清爽，沒有污染。」第二隻蝶蛹理直氣壯地教訓道。

第一隻蝶蛹沈吟了一會兒，表情堅定地說：「不管外面的世界到底怎樣，我一定要飛出去親眼見識見識。」

幾天之後，附近颳起了大風，無情的風雨把一隻乾癟的蝶蛹毫不留情地吹進河裡，蝶蛹逐漸下沈，慢慢地便隱沒在水裡了。

就在此時，天空中出現了另一隻青春美麗的蝴蝶，而且無畏風雨，開懷地在河面上翩翩起舞。

態度決定你的前途

第一隻蝶蛹豪情萬丈，第二隻蝶蛹知足常樂，孰是孰非、誰對誰錯並不重要，重要的是你想要哪一種生活方式。

胸懷大志的人往往樂觀進取，一心只想把天下踩在自己腳下，在人生道路上經歷千辛萬苦，從期望到失望之後，他們終於明白了人生苦多於樂，總算是不虛此行。

另外一種則是躲在溫室裡的花朵，他們追求安逸的生活，

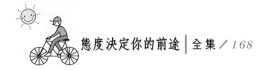

不願遭受日曬雨淋，也禁不起一點風吹草動。

　　他們活在自己單純、封閉的象牙塔裡，有時你會為他們看不見外面的綺麗風光而唏噓，但有時反而會羨慕他們，因為他們擁有嬰兒般無知的幸福。

　　有時，無知也是一種幸福，不是嗎？

只要盡力，就會創造奇蹟

> 對大部分的人來說，成長並沒有增長自己的潛能，反而只是阻斷了潛在的可能，最大的阻力來自內心，只要你願意，沒有什麼是可以阻攔你的！

　　莎士比亞曾說：「尋找藉口，辯護自己的無能，往往會因為那些藉口，更加突顯自己的無能。」

　　人生難免遇到自己覺得無法解決的難題，與其為那些問題傷透腦筋，還不如竭盡心力勇敢面對。

　　很多時候，只要你願意盡心盡力面對眼前的難關，再困難的問題也會迎刃而解，人生的軌跡也會跟著峰迴路轉。

　　某年夏天，一個八歲的小男孩和媽媽一起開著貨車去送貨。在崎嶇的山路上，母子倆一路上有說有笑，正當興高采烈之時，貨車的後輪突然爆胎了，車子馬上失去控制，連人帶車跌跌撞撞地摔下了山谷。

　　在那天旋地轉的當下，母親憑著本能，把小男孩緊緊地摟在懷中，等到四周恢復平靜之後，小男孩毫髮無傷，但是媽媽的臉上卻佈滿鮮血。車子的變速桿整個插進了母親的臉，她的身體被支離破碎的車門壓得動彈不得，猛烈的撞擊更使她失去

了意識，只剩下微弱的呼吸。

面對這種景象，小男孩感到十分惶恐，大聲喊著：「媽媽，妳不用怕，我會救妳的。」

母親動也不動，昏昏沉沉中，疼痛難當的她不斷低聲地喃喃哀求著：「讓我就這麼睡吧！」

小男孩緊握著母親的手，試圖把自己的力量傳到她身上。他不想失去媽媽，不斷地叫著：「媽媽，妳一定要支持下去，千萬不要睡著啊！」

不知道哪裡來的力氣，小男孩把車門的殘骸一點一點地移開，費盡了九牛二虎之力，好不容易把母親拉出了車外。然後，這個八歲小孩用小小的身軀背起母親，就像隻小蝸牛揹了個大殼一樣慢慢爬行。

疼痛使母親生不如死，幾乎要放棄求生的意志，但是小男孩卻不肯放棄，一路上，像母親從前哄他入睡時那樣，不停地說著故事給媽媽聽；他講的是一個童話故事，有一部小火車雖然只有一個引擎，卻能爬上陡峭的山頭，因為它相信自己能夠做到。

為了使媽媽振作起精神來，小男孩一次又一次地重複著這個故事，不知道過了多久，他們總算爬到了路邊。

路燈照亮了母親傷痕累累的臉，鮮血模糊了她的五官，小男孩淚流滿面，朝路過的車輛瘋狂地揮手求救。

最後，終於有好心人士送他們到醫院，經過八個小時的手術之後，母親終於脫離險境了，很難相信，救她一命的，竟然是她年僅八歲的兒子。

 態度決定你的前途

　　小孩子的力量有時會比大人還要大，因為他們對事情的想法單純，天真的以為只要努力就有機會，而大人卻因為「明白」世上有太多不可能，所以遇到困難的時候，往往不願努力就放棄了。

　　對大部分的人來說，成長並沒有增長自己的潛能，反而只是阻斷了潛在的可能。我們曾經是故事裡那個勇敢睿智的小孩，如今卻處處為自己設限，讓自己活在許多的阻力之中。

　　亞米契斯曾說：「不要害怕困難，事情做不好，往往不是因為沒有能力，而是不夠盡力。」

　　何不回復單純的赤子之心，盡力為自己創造奇蹟呢？人最大的阻力來自內心，只要你願意，就沒有什麼是可以阻攔你的！

在變與不變之間找到平衡點

最好的一條路，是有所變、有所不變，改變那些未來可能發生的悲劇，並且接受那些過去已經造成的不幸。

想要過著豁達的人生，就要設法在改變與不變之中取得平衡，只要活得心甘情願，你的人生就是最完美的。

八歲的韋恩，很喜歡到住家附近的河邊玩耍，有一天，不慎在亂石灘上跌傷了腿，雖然他的爺爺發現之後很快將他送到醫院，可惜傷勢實在不輕，即使接了骨之後，韋恩仍然劇痛難當，無法行走，出院之後就只能整天臥在床上度日。

有一天，韋恩看見爺爺坐在床前唉聲嘆氣，便好奇地問：「爺爺，你為什麼嘆氣呢？」

「唉，你的腿已經殘廢了，恐怕一輩子都不能走路了。」爺爺說。

小孩子哪裡經得起這種打擊？韋恩的眼睛、鼻子、嘴巴一下子全都扭曲在一起，「哇」的一聲大哭了起來：「爺爺，你幫我想想辦法吧，我不想變成殘廢啊！」

爺爺想了很久，緩緩地說：「想要治好你的腿，除非在三

年之內，找到使你受傷的那塊石頭，再把它磨平做成石枕，用來活絡筋骨，不然的話，就連爺爺都無能為力了。」

韋恩信心滿滿地說：「我知道我撞到的是一塊黑色的大石頭，那塊石頭的形狀很特殊，我一定能找到它！」

從那天起，韋恩每天拄著拐杖，一拐一拐地走到亂石灘尋找那塊石頭，就算是刮風下雨、寸步難行，他也都咬著牙不肯放棄一點希望。

只是，兩年過去了，他依舊沒有找到那塊石頭。

爺爺安慰他說：「也許那塊石頭被沖到下游了，你去那兒找找吧！」

韋恩聽了，立刻又到下游尋找，然而，日子一天一天過去，他還是找不到那塊黑色的石頭。

三年的期限很快就到了，韋恩哭喪著臉對爺爺說：「我真沒用，到現在還找不到那塊石頭，看樣子，我是永遠也找不到它了。」

爺爺輕撫韋恩的頭，慈愛地說：「要是真的找不到，就不要找了！你的腿不是已經能走了嗎？還要那塊石頭做什麼？三年前，我就已經把它扔到了河裡最深的地方了。」

態度決定你的前途

面對自己的不幸遭遇時，你只有兩條路可以走，不是想辦法去改變它，就是接受它，無論哪一條路，只要自己走得心甘情願，就是一條值得努力付出的道路。

事事都想改變，你就會欲求不滿、過得很累；凡事照單全

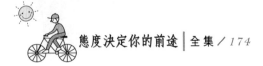

收，你也會開始怨天尤人，過得十分辛苦。

最好的一條路，是可以走在兩條路中央，有所變、有所不變，改變那些未來可能發生的悲劇，並且接受那些過去已經造成的不幸。

工作是為了讓生活更美好

 人為什麼必須工作呢？為了興趣工作的人畢竟是少數，但是有了工作，才能讓我們不用工作的日子顯得如此美好。

工作是為了生活，還是生活是為了工作？

學生不喜歡上學，上班族不想上班，連老闆都在等放假；那麼人為什麼必須工作呢？

大多數的人都一定會這麼回答：「工作是為了賺錢啊！工作才會有收入，有能有足夠的錢養家活口。」

但是，當你有足夠的收入，想法會不會改變呢？

有一個醫生，開業了十多年之後，終於存了一大筆錢，足以讓他三輩子不愁吃不愁穿。於是，在四十五歲那年，他決定退休，帶著全家人移民加拿大，想要開始好好地享受人生，每天過著隨心所欲打小白球的生活。

然而，一年之後，這個醫生居然放棄了那種無憂無慮的生活，回到了原來的地方繼續工作。

朋友們都覺得很不可思議，甚至懷疑他是不是炒股票炒焦了，才必須要回來重操舊業。

醫生笑著說：「我回來工作不是為了賺錢，而是為了繼續我的人生。你試試看，連續一個月每天打高爾夫球會不會覺得厭煩，我煩到連草皮都不想看到。沒有工作就好像坐牢一樣，我和許多移民加拿大的華人一樣，都成了『三等人』。」

朋友們都好奇地問：「什麼是『三等人』？」

醫生解釋道：「每天一睜開眼睛就是等吃飯，吃完飯之後等打牌，打完牌之後就只能等死了。每天就這麼等、等、等，實在讓人受不了，等到頭髮都白了，不如回來工作，至少可以過得踏實一些。」

態度決定你的前途

醫生之所以說得如此輕鬆豁達，是因為他「選擇」了工作，完全是出於自願；而一般人，卻通常是被工作「選擇」的，那種出於「不得不」的心態，當然使工作的快樂減損很多。

人就是這樣，有足夠條件不工作的人，老是大聲疾呼有工作真好；不得不工作的人卻總是叫苦連天，不明白工作到底有什麼好。

人為什麼必須工作呢？為了興趣工作的人畢竟是少數，但是我們可以確定的是，有了工作，才能讓我們不用工作的日子顯得如此美好。

成功，需要適當的時機

成功需要一個適當的時機，時機到了，一切自然水到渠成，時機未到，再怎麼費盡唇舌去解釋也是枉然。

科學家愛因斯坦曾說：「不管時代的潮流和社會風尚怎樣，人一定可以憑自己高貴的品質，超脫時代和社會，走自己正確的路。」

不要拘泥於我們所處時代的流行價值，也不用在意別人的觀感和看法，如此，我們才能走出屬於自己的道路。

羅丹在他五十六歲那年，展出了一座大文豪雨果的雕像。

為了表現雨果氣宇軒昂的文學家氣勢，羅丹塑造了一個渾身充滿活力、栩栩如生的雨果。

只是這個雨果沒有穿衣服，只用了一條浴巾輕鬆地裹住身體，外在與內在相互輝映，羅丹的雕像不只刻出了雨果的軀體，還表現了他的靈魂。

不過，當政府官員看到這座雕像時，卻一點也笑不出來。

他們原本期望看到的是一個規矩、莊嚴，穿著得體的偉人，如今這個偉人卻近乎一絲不掛地站在他們面前，於是他們非常

生氣，不懂得這有什麼可取之處。

於是，羅丹遭受了嚴厲的批評，報上的輿論說他風格拙劣、品味低級，甚至喜好色情，而且還有暴露狂的傾向。

兩年之後，羅丹又舉辦了一次展覽，這次展出的是另一大文豪巴爾札克的雕像。

巴爾札克本人長得又矮又胖，樣貌更是一點兒也不出眾，但是羅丹所雕塑的巴爾札克卻頂天立地，眼神銳利如獅，氣勢有如疾風暴雨，羅丹雕出了巴爾札克的精髓，是世人無法透過外表見到的另一面。

然而，這樣偉大的藝術作品並不被當時的人們接受，人們只相信他們眼中所看見的，只期待看到他們所熟悉的，因此，羅丹再一次遭受猛烈的攻擊與惡意的扭曲。

得不到知音的失落感，不僅使羅丹心情沮喪，還使他病倒床榻。

但是，這些打擊並沒有使他一蹶不振，正因為不被世人了解，所以他更加不能放棄自己的堅持；正因為不受人矚目，所以他把所有的熱情都投之於努力創作。

許多年後，隨著人們觀念的開化，在一次大型展覽中，羅丹終於受到了表揚，多年的努力終於有了開花結果的一天，他所有的作品都被收藏在「羅丹閣」裡，記載著這位藝術大師光輝的歷史。

態度決定你的前途

當你成功了，你才可以不用理會旁人的冷言冷語。

當你成功了，你才能理直氣壯地說：「堅持是對的」。

否則，你所有的堅持在別人眼中都只是「固執」，你的勇往直前在別人眼中只是「剛愎自用」。

別忘了，世人總是只看結果的，在你什麼都不是的時候，你的話通常也沒有人相信。

羅丹的奮戰歷程告訴我們，成功需要一個適當的時機，時機到了，一切自然水到渠成，時機未到，再怎麼費盡唇舌去解釋也是枉然。

當然，如果你沒有羅丹那樣的驚世之才，就不要太過自以為是，與其等待一個適合你的時機，不如把握眼前的機會好好努力，只有盡了全力，你才能創造出自己的天地。

別把自己交給運氣

抱著投機心態的人往往聰明反被聰明誤，反而多走了許多冤枉路，何不踏實一點，慢慢地走向目標呢？

　　當你把自己交給運氣時，運氣就偏偏會選在這個時候離你而去。

　　不要以為丟銅板矇中答案的機率是一半一半，有經驗的人會告訴你，它的命中率只有十分之一。

　　「十賭九輸」這句話，難道你沒聽過嗎？

　　彥伯在讀大學的時候，由於一下子失去了升學的壓力，所以他整日沈浸在吃喝玩樂之中，一點兒也不用功，只希望每科都能低空飛過，不要被退學就好。

　　他平時不是和同學在宿舍裡打麻將，就是待在電腦前玩線上遊戲，書本的最大用途是拿來當杯墊，他認為大學生就該這麼快活，教授應該不會故意跟他過不去。

　　到了期末的時候，有一個非常重要的化學測驗。考試的前一天晚上，大家都在熬夜K書，就連平時不用功的同學也紛紛收起了玩心，埋在書堆裡臨時抱佛腳。

　　反觀彥伯，他卻優哉游哉地在電視機前打電動，一副天塌下來我也不怕的模樣。

　　同學們很替他擔心，要是明天的考試過不了，後果可是不堪設想。然而，彥伯看著同學們憂心忡忡的樣子，卻「噗嗤」一聲大笑了起來，他說：「用用腦子，這其實很簡單！明天的考試總共有一百道是非題，每個問題只需要打『○』或『×』就可以了。我幾個月沒讀化學了，只好在考場裡丟銅板，我相信我能矇中六十題的。」

　　第二天，彥伯輕輕鬆鬆地走進了考場，一拿到考卷就開始丟銅板，不到半個小時，他就寫完了一百道題目，瀟灑地離開了考場。

　　考完試的隔天，他在走廊裡遇到了化學教授。

　　「哦，真巧！」彥伯向教授問好，並問他說：「教授，請問考試的結果出來了嗎？」

　　教授笑著說：「已經出來了，你等一等。」說著，教授從口袋裡掏出一枚銅板，問彥伯：「你要正面還是反面？」

　　「嗯……反面。」

　　接著，教授把銅板拋向空中，然後十分帥氣地接住，看了看，皺著眉頭說：「非常遺憾，是正面，所以你被當了。」

態度決定你的前途

　　最不用花時間的捷徑，不一定到得了目的地，它有可能會是個死胡同，甚至處處充滿危機，反而只會浪費你的時間和精力。

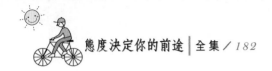

　　既然還有力氣，為什麼要害怕多走一些路呢？

　　我們的目標不只是「到達」目的地而已，抱著投機心態的人往往聰明反被聰明誤，為了到達目的地，反而多走了許多冤枉路，何不踏實一點，慢慢地走向目標呢？

8.

別把「隨便」掛在嘴邊

發出自己的聲音,

勇敢說出自己的想法,

而不是看著屋簷上的夢想,

等著人們為你勾畫遙不可及的美夢。

不斷再試「最後一次」

美麗的浪花不會在風平浪靜時出現，困難越多，我們距離成功的目標就越近了。

有位哲人說：「一個人怎樣才能認識自己呢？絕對不是通過思考，而是通過實踐。盡力去履行你的職責，那麼你就會立刻知道自己的價值。」

成功只能在不斷行動中產生，想要出人頭地，除了設定目標努力工作之外，真的沒有其他任何捷徑，更沒有替代道路。

只要你確實下定了決心，也紮紮實實盡了全力，那麼就不必再過程中患得患失，成功自然會適時降臨。

你的未來只會成就在你手中，能決定成敗的人也只有你自己。所謂的機會並不是上天的賜與，而是掌握在我們的手中，人生成敗的關鍵就在於我們是否願意再給自己一次機會。

在距今約半個世紀前，有一艘英國商船不幸沈沒於麻六甲海域，船上載滿從中國交易得來的絲綢、瓷器與各式各樣的珍寶。

過了半個世紀之後，有一位名叫鮑爾的英國人從書上獲悉

這個訊息，決定要打撈這艘珍貴的沈船。

鮑爾在這片深海底耗了八年的時間，尋遍將近七十多平方公里的海域，終於讓他找到半個世紀前的「珍寶」。

長達八年的探測與搜尋，每天都得付出巨大的資金。在有出無進的情況下，計劃才剛開始不久，便有合夥人後悔地退出尋寶行列，畢竟沒有人願意把時間和金錢消耗在看不見未來的工作上。

之後加入的新夥伴，也沒有一位能夠持久。

其中，有一位鮑爾的朋友，不斷地退出、加入，也不斷勸說鮑爾放棄這個「瘋狂」的念頭。

成功之後，鮑爾曾經對人們說，其實他心裡一直都有放棄的念頭，特別是每當他從海底上來，累得身心俱疲時，他都會告訴自己：「到此為止，明天不要再下去了。」

僅管他懷疑過史料的可信度，也為這個浩大工程所高築的債台苦惱。但是，每當旭日東升，他總是告訴自己：「再試最後一次！」

因為朝陽賜予的堅強鬥志與毅力決心，讓他不斷地給自己「最後一次」的機會，最後他終於成功了。

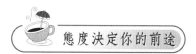

態度決定你的前途

意志力不夠堅定的人，經常懊悔成功與自己只有一步之差。

這樣的遺憾，或許你我也曾經歷過，因為我們都欠缺藍球巨星麥克喬登的奮戰精神：「**沒有嘗試成功，我就不能放棄。**」

當許多人畫了一個又一個理想圖，卻總是在執行過程中，

發現可能的困難便開始打退堂鼓，最後才又懊惱地眼看夢想離自己而去。

還沒開始卻老想著結果的人，成功的機率等於零，因為他們把過多的時間放在「想」的動作上，而不是邁出實踐的步伐。

既然開始了，就別再擔心事情的困難，因為想讓衝浪板滑得越高，越需要一波又一波的「驚濤駭浪」。

美麗的浪花不會在風平浪靜時出現，困難越多，我們距離成功的目標就越近了。

對別人寬容就是對自己寬容

> 每個人都會犯錯，所以錯誤發生之時不要一味地嚴詞批評，因為責難只會讓犯錯的人失去信心。

作家穆尼爾・納素夫曾說：「寬容猶如一枝火把，能照亮由焦躁、怨恨和復仇心理鋪就的黑暗道路。」

責罵與懲罰只會使人被動地屈服，適時寬容與勉勵的力量卻會使人警醒，不再犯下同樣的錯誤。

即使是簡單的讚美詞彙或鼓勵動作，也能振奮人心，心靈一旦受到鼓舞，人們便會積極朝向更高的成就前進。

美國著名的戰鬥機飛行員胡佛，飛行經驗不僅豐富，技術更是高超，只要有新機種需要試飛員，他絕對是第一人選。

胡佛幾乎征服過美國生產的各式機種，憑著卓越的駕駛技術，他從未失誤過，每一次都非常順利地完成試飛任務。

有一天，他參加一項飛行表演的任務，完成表演工作後，便直接開著飛機返回洛杉磯基地。

然而，就在回程的途中，飛機突然出現狀況，兩個引擎同時失靈。這個問題可嚴重了，還好胡佛控制得宜，在果斷與沈

著的應變下，飛機奇蹟般地安全降落在機場上。

飛機降落後，所有相關人員不禁鬆了口氣，立刻檢視這架飛機，以便儘速找出事發的原因。

終於讓他們發現問題所在，原來是有人加錯機油了。因為胡佛這天駕駛的機種是螺旋機，而負責維修的機械工卻錯用了噴射機的油料。

當檢定報告出來時，負責加油的員工嚇得面如死灰，一看見胡佛便慚愧地當場哭了出來，因為他知道，這個疏忽不僅可能會喪失一架昂貴的飛機，更重要的是，意外若真的發生，將會有三個人因此喪命。

胡佛看著淚流滿面的機械工，並沒有大聲加以斥責，反而上前安撫他，認真地鼓勵他說：「為了證明你的能力，請你仔細檢查與維修我明天要飛行的那架飛機。」

這位機械工抬起頭，感激地看著胡佛。

從此，只要胡佛準備飛行，當天負責檢修工作的人，就是這位機械工，而胡佛的飛航再也沒有出過任何差錯。

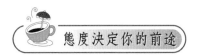

態度決定你的前途

每個人都會犯錯，所以錯誤發生之時不要一味地嚴詞批評，因為責難只會讓犯錯的人失去信心，並且產生憎恨心理，非但於事無補，反而可能造成負面效應。

故事中的胡佛便深知此理，於是再給技工一次機會，也給了自己一個保障。他相信對方比自己更不願見到這樣的意外，因而以鼓勵代替責罵。這個原諒的小小動作，也真的換得了胡

佛日後飛行的安全。

　　現實生活中，許多人總是爲了一丁點小事爭吵不休。我們會祈求別人的諒解，卻怎麼也不願原諒人們不小心踩了自己一腳。只會寬以待己、嚴以待人，結果往往每個人的情緒高漲，什麼事都做不好。

　　當然，每個人都各司其職，也各有自己應該擔負的責任，只是，身邊的人若能多給彼此一點鼓勵與機會，我們群居的生活便會更加圓滿與團結。

處世圓融，結果就會不同

凡事都會有足夠的空間讓人轉圜，要平心靜氣地找出事情的全貌，而不是一味站在自己的立場，用自己的角度看事情。

不管人生怎麼繞，許多為人處世的道理仍然相通相同，人生有起點也有終點，我們要串起的也正是這兩個關鍵點。

生活中，每件事都有輕重緩急，生命裡，有更多重要的事情要我們去經歷。如果，我們能把每件事都思量仔細後，再做決定與前進，才不會有無謂的失誤與錯過。

據說，乾隆皇帝下江南之時，有一天微服出巡，莫名其妙地惹上一宗命案，還被捉進江寧大牢。

當時擔任江寧知府的劉羅鍋獲悉後，陷入進退兩難的窘境。他想審也不是，想放也不行，萬一處理不當，還會招來誅滅九族的下場。

終於，聰明的劉羅鍋想出一個方法，他在大牢裡點了一枝蠟燭，並在僅有的一點燭光下，開始在昏暗模糊的牢房裡審理此案。

牢房裡黑漆漆一片，使得每個人的視線都模糊不清，沒有

人能看清楚犯人的面容，這個方法不僅保住乾隆皇帝天子顏面，也盡到自己的職責。

最後，他不僅將真兇找出來，更獲得乾隆皇的賞識。

因為「看不清楚」，讓乾隆皇有了台階下。與此同時，兩個人也都獲得一個「心照不宣」的勝利。

態度決定你的前途

我們經常為了所謂的「堅持原則」，與人發生衝突或爭吵。然而，任何事不會只有一個面向，凡事都會有足夠的空間讓人轉圜，要讓彼此先退一步思考，平心靜氣地找出事情的全貌，而不是一味站在自己的立場，用自己的角度看事情。

待人處事應該力求圓融，圓融不是阿諛與奉承，也不是怯懦的退讓，而是要我們在真相尚未找出來前，不要以偏概全地妄下斷言，造成錯誤的判斷，與無可彌補的傷害。

徹底醒悟，才能避開生命中的錯誤

當一個人徹底醒悟時，成功其實已展現在他面前，因為他會避開先前的錯誤，踏實地朝著他想要的「人生分數」前進。

　　蘇聯作家阿札耶夫在《生活的序曲》中，告訴我們一個簡單而又實用的道理：「實話實說可能讓人內心受傷，但是會幫助一個人成長。」

　　甜言蜜語是最難以防備的暗箭，批評責罵則是最易於防範的明刀。

　　與其幫助別人逃避現實，倒不如教他誠實地面對自己。

　　有個國中男孩只要一看到滿桌書本，便會倒頭睡去。對唸書一點也沒興趣的他，成績自然是滿江紅。

　　剛開始，老師們對他還懷抱希望，努力想救救這個頑石，甚至還考量到學生的自尊心，在閱改他的考卷時會儘量放寬尺度，有時連試卷也沒看仔細，就批個六十分的基本數字，讓他輕鬆過關。

　　然而，這個不知長進的男孩，猜透了老師的心意，卻仍然不肯用功唸書。每次考試時，他都匆匆一瞥、隨便填寫，便趴

在考卷上呼呼大睡，直到鐘聲響起才起身交卷，開心地離開。

　　不久之後，班上調來一位新教師，職務交接之後，他也採行了前一位老師的教學方法，讓這個男孩能有一個永遠的「六十分」。

　　直到有一天，在分發改好的考卷時，他發現，男孩居然連看都沒看，便把考卷塞進抽屜裡。

　　這位教師心中一沈，立刻走到男孩身邊向他要回考卷，並拿出紅筆重新批閱。最後考卷上的「六十」被劃掉，取而代之的是斗大的「十」。

　　老師嚴肅地訓誡他：「批改你的試卷是我的責任，所以你答對幾題，我就要給你多少分數，因此，只有這個分數才是真正屬於你的，其他多出來的分數，不僅騙了你，也會害了你。」

　　幾年後，在來來往往的大街上，有位文質彬彬的年輕人走到一個人的面前，很有禮貌地說：「老師，您好！可能您已經忘了我是誰，但是我卻永遠記得您。我今天的成就全是老師給予的，是您讓我醒悟，重拾自尊與自信，為我開啟嶄新的人生。謝謝！」

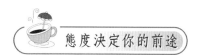

態度決定你的前途

　　善意的欺騙雖然出自好意，但卻容易蒙蔽一個人的視線；讚美的話每個人都很愛聽，卻也是我們最不需要的。

　　好聽的話就像蜂蜜，一旦陷入甜美的滋味當中，我們就容易忽略身邊的危險，看不見就在蜂蜜旁邊的蜂針；等到一不小心誤觸蜂窩，危機就來了，恐怕沒有多少人能招架得住。

　　所以，不要再把別人的批評排拒在門外，與其說週遭環伺的敵人是自己的對手，不如說他們是激勵自己奮發向上的戰友，因為只有對手與批評，才會讓我們看見自己的錯誤與缺失，讓自己不斷地進步與成長。

　　不管是善意或惡意的批評，都會讓我們看清事實，只要我們勇敢面對，就能重新建立起生活的自信。

　　當一個人徹底醒悟時，成功其實也已展現在他面前，因為他會避開先前所有的錯誤，踏實地朝著他想要的「人生分數」前進。

別把「隨便」掛在嘴邊

發出自己的聲音，勇敢說出自己的想法，而
不是看著屋簷上的夢想，等著人們為你勾畫
遙不可及的美夢。

　　只要選定了希望的目標，調亮生活態度，生命的選擇權就
在你手上。至於無法擁有決斷能力的人，只能任由別人牽著他
的鼻子走。

　　一個老被人牽著鼻子走的人，不僅沒有思考與行動的自由，
更會因此失去生命的活力與獨立的勇氣。

　　羅斯福總統的夫人還在大學唸書之時，有一科的學分必須
到電訊業實習才能完成課業。

　　夫人的父親想起剛好一位老朋友從事電訊業的工作，便帶
著女兒去拜訪這位前輩；這位老朋友正是美國無線電公司的董
事長，薩爾洛夫將軍。

　　羅斯福夫人回憶說，當時，將軍問她想做哪方面的工作時，
她回答說：「隨便。」

　　這個回答讓薩爾洛夫將軍非常不高興，不悅地說：「我這
裡沒有叫隨便的工作。」

　　這一當頭棒喝，讓夫人忽然驚醒，也開始認真思考自己的未來人生。

　　婚後某天，羅斯福總統與夫人來到某個鄉村中，他們看見一位老先生正把要餵食牛隻的小草，放到茅屋的屋簷上。

　　他們好奇地問老先生：「請問，為什麼您不把草料放到食槽裡呢？」

　　老先生的回答很妙：「嗯，這種草料品質比較不好，如果我直接放到食槽裡，牠們肯定不會吃，但是若把它放到屋簷上，牛兒們勉強才能吃到，牠們便會努力地去抓食，並吃光它。」

　　這番話讓羅斯福總統與夫人印象深刻，產生諸多省思。

態度決定你的前途

　　你的生活是不是也充滿著「隨便」呢？

　　在生活的周遭，只要有人詢問他人意見時，通常都會聽見「隨便」的答案，聲音也許是來自我們的嘴裡，也許是身邊人發出的。

　　只是，當每個人的意見都是「隨便」時，所有的討論也頓時成空，事情總是原地打轉，沒有前進的焦點。

　　沒有主見的人，多數是不知道自己想要什麼的人。

　　我們是不是也經常如此呢？當小小的方向都無法選定，或連個小事情都無法果斷決定的人，面對大事又怎會有積極的力量？

　　發出自己的聲音，勇敢說出自己的想法，而不是看著屋簷上的夢想，等著人們為你勾畫遙不可及的美夢。

把人們的閒言閒語拋諸腦後

只要能冷靜面對，那些紛亂你心的話語很快地便會消音，而我們便能擁有夢想中的天空。

對自己缺乏信心的人，很難活出亮麗而精采的人生，他們通常很在意別人的看法，忍受不了別人的閒言閒語。

這樣的人只會隨著身處的環境起舞，一聽到來自背後的流言蜚語，便會氣急敗壞地想要還擊。

你很在意別人說的話嗎？還是，你向來都是照著別人的話行動？

人生的道路，一向都得靠自己的雙腳前進，無論身邊的人事物是願意扶持，還是有心阻擋，我們必須面對的始終是自己，也只需向自己交代，別人的意見雖然值得參考，但別忘了，最終決定方向的人還是我們自己！

有兩個十分要好的朋友偕伴到一個陌生的城市謀生，當他們一踏上那個希望之城，便為這座城市的景象深深著迷。

「強生，你看這個城市多麼有活力！」歐文說。

強生點了點頭：「嗯！」

當他們經過一個街道時，有扇大門裡突然衝出一隻獵犬，衝著他倆狂吠，其他獵狗聽見同伴的吠叫聲，也跟著從院子裡跑了出來，並大聲狂吠著，不一會兒工夫，他們身邊擠滿一大群野狗。

這時，強生忍不住撿起一顆石頭，準備朝著牠們扔去，但歐文卻制止他。「這又何必呢？任由牠們叫好了，因為你根本無法完全制止這群狗，而且，萬一惹毛了牠們，或吸引更大一群狗來到這兒，那就糟糕了。我很清楚動物的習性，只要我們走我們的，頭也不回地走過去，等一會兒牠們就會自覺沒趣，停止叫了。」

果真如歐文所說，當他們前進約一百公尺之後，獵狗們的狂吠聲變得愈來愈弱，不久之後，吠叫聲便完全消失了。

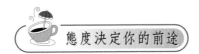

態度決定你的前途

故事中的窘況，相信不少人都很熟悉，或許有不少人也曾歷經過類似這樣的恐怖情境，現在再仔細地回想一下當初，不知道當時的你究竟是怎麼處理和面對這個問題的呢？

只要一隻狗對著我們狂吠，很快地便會引來更多狗兒吠叫，甚至是追逐，在這樣可怕的情況下，我們除了冷靜面對之外，再也沒有其他更好的辦法了，畢竟動物的獸性很難捉摸，就算我們能勇敢地反擊，但結果卻不一定能保全自己，在這種情況下，反而是「以靜制動」更能得到完美的結局。

人們的是非八卦不也如同群狗狂吠般嗎？因此，面對流言蜚語，我們根本無須太過在意，當然更不需要浪費心思進行反

擊，不是嗎？

　　當歐文和強生踏上了他們夢想的城市時，也第一次遇見了
充滿敵意的惡犬狂吠，但他們並沒有因此偏移了對未來的希望，
以及發展的信心，我們看見了他們冷靜面對問題的能力，也看
見了他們迎向未來的決心。

　　那你呢？聽見閒言閒語時你都怎麼看待？

　　故事很簡單，但其中隱含的寓意卻十分深刻，生活隨時都
會有突發狀況，也隨時都會遇到阻礙，因此我們要有瀟灑面對
難關的自信，只要能冷靜面對，那些紛亂你心的話語很快地便
會消音，而我們便能擁有夢想中的天空。

9.

希望是自己最好的投資

每個人在歷練人生的過程裡，

不如意的遭遇是難免的，

在這個時候，希望就是幫你從

不如意的泥沼中掙脫的繩索。

不要因為一隻小蟲，而跟自己過不去

只要這些阻礙不會妨害到你，你就大可不必理會，因為只有當你注意到這些阻礙時，它才會對你造成影響。

現實生活中難免會遇到一些令人煩心的小事，這些小事就像蒼蠅一樣，對你沒有很大的妨礙，卻總是在你身邊圍來繞去，讓你心浮氣躁，無法專注。

當這些「蒼蠅」圍繞著你的時候，如果沒有辦法將它們趕走，那就試著學會跟它們共存。千萬別因為一隻微不足道的蒼蠅，轉移了注意力，讓自己模糊了成功的目標。

在一場國際矚目的世界撞球錦標賽中，一位蟬聯多次冠軍的選手在他引退前的最後一場比賽中，表現得出奇順利，只要把九號球打進袋，就能以世界冠軍的頭銜光榮退休。

就在這個令人屏息注目的時刻，不知道從什麼地方，飛進來了一隻小蟲。這隻小蟲正好停在選手的手臂上，選手正準備擊球，卻因為小蟲的關係停下來，揮手趕走小蟲。

把小蟲趕走之後，選手集中精神，彎下腰準備擊球時，誰知道，這隻煩人的小蟲又來了。

這一次，小蟲停在選手的臉上，原本集中的注意力又被打斷，選手開始不耐煩了，用力揮趕那隻討厭的小蟲。

把小蟲趕走後，選手再度準備擊球，沒想到可惡的小蟲竟然又飛回來了，而且像個幽靈似的落在九號球上。

選手再也受不了了，生氣地拿起球桿就對著小蟲捅去。小蟲雖然受到驚嚇飛走了，可是選手在還沒瞄準的情況下就擊球，以致於打偏了，九號球沒進袋。

按照比賽規則，接下來該輪到對手擊球了。

對手抓住這個大好機會，不偏不倚地把九號球打進袋中，而且展開凌厲攻勢，最後反敗為勝。

這位選手想以世界冠軍頭銜退休的希望落了空，而且因為他已經公開宣佈退休了，再也沒有機會參加世界大賽。就因為一隻小蟲，讓這個冠軍選手耿耿於懷了一輩子。

態度決定你的前途

不論多麼乾淨的地方，都會出現一些莫名其妙的小蟲，這就跟生活和工作一樣，再順利的事情，偶爾也會出現一些小阻礙。

只要這些阻礙不會妨害到你，你就大可不必理會，因為只有當你注意到這些阻礙時，它才會對你造成影響。

就跟落敗的撞球選手一樣，如果他不把注意的目標放在小蟲上，就不會因為心浮氣躁而抱憾終生。

當你在遇到這些「小蟲」的時候，記得，不要讓它們轉移了你的注意力，否則你就是跟自己過不去。

希望是自己最好的投資

每個人在歷練人生的過程裡，不如意的遭遇是難免的，在這個時候，希望就是幫你從不如意的泥沼中掙脫的繩索。

　　當你在遇到挫折或困難時，不要忘記其實你對自己的生命，擁有比你想像中還要更多的主宰權力；如果你認為自己沒有這些權力的話，那只是因為你不知道該怎麼去運用而已。

　　學習主宰自己最好的方式，就是讓自己的心態隨時保持希望。

　　卡爾・賽蒙頓是美國一位專門治療癌症的著名醫生。

　　有一次，賽蒙頓醫生負責治療一位六十一歲的癌症病人，這位患者的體重大幅度下降，瘦到只剩四十四公斤；因為癌細胞擴散的關係，使他不但無法進食，甚至連基本的吞嚥口水的動作都無法做到。

　　賽蒙頓醫生告訴這位病人，只要他抱持著希望，自己一定會盡全力幫助他對抗癌症。病人答應賽蒙頓醫生，說他一定會保持樂觀的心情。

　　醫生為了減少病人不安的情緒，讓病人得以充分了解病情，

以便和醫護人員合作，所以每天都將治療進度詳細的告訴病人，以及解說他的身體對治療的反應。

治療的情形令人驚訝的良好，病人不但對醫生的囑咐完全配合，使治療過程進行得相當順利，也隨時保持樂觀的態度，不斷運用想像力想像他體內的白血球正努力對抗癌細胞，而且獲得最後的勝利。

過了一段時間後，病人的意志力加上醫療小組的努力，果然成功地抑制了癌細胞的擴散，讓原本被宣判為癌症末期的病人重獲新生。

態度決定你的前途

每個人在歷練人生的過程裡，不如意的遭遇是難免的，在這個時候，希望就是幫你從不如意的泥沼中掙脫的繩索。

因為，時時保持希望的人，失敗對他而言，只會更堅定自己的決心；擁有了不易動搖的決心，才會有接下來的成就。

當你在聆聽理財專家談論如何增加金錢財富的時候，別忘了，你也要增加你內心的財富。

金錢的投資只能讓你得到金錢，但是對希望的投資，卻能讓你得到更多用錢也買不到的東西。

理解別人，是成功溝通的第一步

只要願意放下自我，真心的去理解別人，在一次一次減少衝突的過程中，良好的溝通默契自然會逐漸形成。

敏銳的心能讓我們設身處地的為別人著想。只有能理解別人的人，才不會因為個人的偏見，傷害到別人自己還不自知。

一名寵物店的店主在門口貼了一則降價出售小狗的廣告；廣告一出現，便吸引了附近孩子們的目光。

有一個小男孩在廣告貼出後不久，走進寵物店，問店主人說：「小狗賣多少錢？」

店主回答：「一隻五十塊。」

小男孩聽了，從口袋裡掏出一些零錢：「我只有十塊錢，能不能讓我看看牠們？」

店主笑了笑，讓負責管理狗舍的員工把小狗帶出來。不久，員工的身後跟著五隻活蹦亂跳的小狗，可是其中有一隻遠遠的落在後面。小男孩立即發現了落在後面一跛一跛的小狗，問店主：「那隻小狗生病了嗎？」

店主跟小男孩解釋，說這隻小狗天生腿就有問題，所以牠

只能一跛一跛地走路。小男孩聽完，說：「我要買這隻小狗。」

　　店主說：「你可以不用花錢，如果你真的想要牠的話，我就把牠送給你好了。」

　　小男孩不但不高興，還很生氣地對店主說：「我不需要你送給我，那隻狗和其他狗的價值是一樣的。我現在就付十塊錢給你，以後每個月付你十塊錢，一直到付完為止。」

　　店主苦口婆心地勸小男孩：「你根本不用買這隻狗，牠不可能像別的狗那樣又蹦又跳地陪你玩。」

　　聽了店主的話，小男孩彎下腰，捲起左褲管，露出他嚴重畸型的左腿，靠一個大大的金屬支架撐著。

　　小男孩輕輕的對店主說：「我自己的腿也不好，那隻小狗需要有一個能理解牠的主人。」

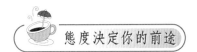

態度決定你的前途

　　據說釋迦牟尼在說法的時候，曾經拿著一朵花面對眾弟子，一句話也不講。

　　所有的弟子都不曉得釋迦牟尼要表達的是什麼，只有迦葉一個人會心的一笑，於是釋迦牟尼就把衣缽傳給了迦葉。

　　由這一段關於禪的故事，可以知道溝通的最高境界，就是「盡在不言中」。要達到這種境界，關鍵就在於要能保持一顆敏銳的心。

　　也許不是每個人都能在生活中與別人達到「拈花微笑」的溝通層次，但是，只要願意放下自我，真心的去理解別人，在一次一次減少衝突的過程中，良好的溝通默契自然會逐漸形成。

你並沒有想像中那麼重要

> 如果你不把自己看得太重要，那你就不會把
> 自己沒有勇氣向前邁進的原因歸咎給別人。

每個人都害怕做錯事，總認爲自己如果下錯了某些決定，就會成爲別人眼中的笑話。

其實，這種想法根本就是多餘的，除非你在團體裡擁有舉足輕重的地位，不然的話，會因爲你的一言一行而受影響的，恐怕只有你自己而已。

約翰已經留了很多年的鬍子，有一天，他突然心血來潮，想把鬍子剃掉，可是又有點猶豫，不知道朋友、同事對他的新造型將有什麼看法，會不會因此而取笑他？

考慮了幾天，約翰終於下定決心，先把鬍子稍微修剪了一下，不要一下子全部剃光。

第二天上班的時候，約翰已經做好應付同事反應的心理準備。結果卻出乎約翰意料之外，根本沒有人對他的鬍子改變有任何評價，辦公室的每個人都各自忙著自己的事情，沒有一個人對約翰的新造型發表過任何意見。

到了中午休息時間，約翰終於忍不住開口問同事：「你們

覺得我這個樣子好不好看？」

同事愣了一下：「什麼樣子？」

約翰大聲的說：「你沒有注意到我今天有點不一樣嗎？」

同事們這才開始從頭到腳打量約翰一番，最後終於有人開口說：「喔！你的鬍子變少了。」

態度決定你的前途

有位著名的藝術家也曾經有過相同的經驗。

這位藝術家出生在一個大家庭，每次到了吃飯的時候，都是幾十個人一起坐在餐廳裡。

有一次，他決定跟大家開個玩笑，於是在吃飯前把自己藏在飯廳的櫃子裡，想等大家都找不到他時再出來。

沒想到，大家絲毫沒有注意到他不在，等到大家把飯都吃完了，他才垂頭喪氣地走出來吃剩下的飯菜。

就這樣，這位藝術家學到了一個很重要的教訓：「永遠不要把自己看得太重要。」

如果你不把自己看得太重要，那你就不會把自己沒有勇氣向前邁進的原因歸咎給別人。

可惜的是，不是每個人都擁有這樣的自覺，有很多人抱持著自以為是的觀念，以為自己的所作所為有很大的影響，遲遲不敢行動，以致於白白浪費許多大好機會，讓自己永遠只能在原地踏步。

其實，想要成為真正具有影響力的人，只有一個辦法：積極的將想法付諸行動。

跟你不喜歡的人做朋友

> 學習接納自己不喜歡的人，不但更有效的開
> 展自己的視野，也能增加自己在不同領域中
> 的人脈，讓自己更具備競爭的優勢。

在現實生活中，不可能總是碰到跟你合得來的人，必定有
幾個是你看不順眼或使你厭惡的人出現。

如果你只會以排斥的態度來對待你不喜歡的人，最後你的
朋友只會越來越少，導致自己的人際關係寸步難行。

在美國東部有一所全美知名的私立學校，這所學校的入學
成績需要平均九十分以上才能夠提出申請，而且它的學費相當
於一個普通家庭整個月的開銷，因此進入這所學校的學生都是
家境富裕又成績優異的。

雖然這所學校培育出許許多多優秀的人才，但是它有一個
非常嚴重的困擾。因為學校緊鄰著一個治安非常差的貧民區，
學校的玻璃經常被貧民區的兒童打碎，學校學生的車子總是被
偷，學生在晚上被搶已經不是新聞，甚至還有女學生遭到強暴
的事件發生。

這些層出不窮的犯罪事件，不但嚴重影響學生的人身安全，

對學校的聲譽也有所損害。

「像我們這麼優秀的學校，怎麼能跟貧民區相連呢！」因為這個想法，所以董事們一致通過用學校雄厚的財力，把貧民區的土地和房子買下，改建為學校校園。

這樣一來，不但校園變大了，也可以讓那些貧民離學校遠一點。

可是，問題並沒有因此解決，反而變得更加嚴重。因為那些貧民雖然搬走，卻只是向外移而已，學校還是跟貧民區相連，加上廣大的校園不容易管理，結果反而使治安變得更糟了。

董事會沒辦法，只好請當地的警官一起來商量解決之道。

警官對董事們說道：「當你們跟鄰居處不來時，最好的方法不是把他們趕走，而是應該試如何了解他們，進而才能改變他們。」

警官的話讓董事們恍然大悟，於是他們改變方針，為貧民區的兒童設立補習班，捐贈教育器材給鄰近的中小學，還開放部分校園為運動場，提供貧民區的青少年們使用。

就這樣，沒過幾年，不但學校周圍的治安變好了，連貧民區的生活水準也跟著提高，不再稱為貧民區了。

 態度決定你的前途

學會和你不喜歡的人做朋友，也是拓展人際關係不可缺少的一種能力。

像上述提到的學校，當董事們選擇以排斥的手段解決問題時，問題只是變本加厲而已；可是，他們一旦放下了心中的成

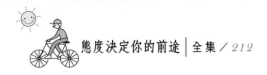
見，願意敞開心胸接納時，問題反而就能夠迎刃而解。

在我們的生活中也是如此。學習接納自己不喜歡的人，不但比上任何課程都能更快、更有效的開展自己的視野，也能增加自己在不同領域中的人脈，讓自己更具備競爭的優勢，何樂而不為呢？

得不到的，不一定是最好的

與其為了那些得不到的虛幻事物而不快樂，不如轉而相信自己得到的就是最好的。這樣一來，你的每一天才會充滿著快樂。

　　很多夫妻在吵架的時候，都只看到對方的缺失，而看不到對方的優點，而出現尖酸刻薄的對話。

　　這種只知道傷害對方的對話，不但解決不了問題，還會越演越烈，到最後演變成離婚的情形比比皆是。

　　其實，當初你不就是認為對方是最適合的另一半，所以才決定結婚的嗎？既然如此，為什麼兩個人在經過一段婚姻生活後，原來互相吸引的優點卻蕩然無存，反而會產生出許多感嘆和埋怨？

　　追根究底，或許是因為「得不到的，永遠最好」心態在作祟吧。

　　有一則寓言故事，似乎可以說明這種心態。

　　有一個人天天向上帝禱告，祈求上帝讓他的願望實現。上帝聽見了他的祈禱，於是出現在他面前，拿出兩個蘋果代表他祈求的兩個願望，讓他選擇要實現哪一個。

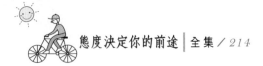

這個人考慮了很久，終於下定決心，選擇了代表他認為自己最希望實現的願望的那個蘋果。

上帝微笑著答應了他的願望，就在他接過蘋果，轉身離去的那一剎那，他突然後悔，想跟上帝調換成另一個蘋果。

但是，當他轉身回頭時，上帝已經不見了。

結果，雖然上帝實現了他的一個願望，但他還是整天想著他失去的那個願望，悶悶不樂的過了一生。

態度決定你的前途

人總是對得不到的東西抱著過多而不切實際的期待，以致於忽略了自己已經擁有的東西。

這種人從來沒想過，自己所擁有的，也許正是別人想要卻得不到的；而且那些得不到的東西，其實根本沒有那麼好，也許只是自己一廂情願去美化它而已。

所以，與其為了那些得不到的虛幻事物而不快樂，不如轉而相信自己得到的就是最好的。這樣一來，你的每一天才會充滿著快樂。

不要變成別人的影子

一個只想著迎合別人，希望成為別人的人，
只能在人生的路上隨波逐流，沒有辦法找出
屬於自己的方向。

有的時候，人要知道「認命」。這裡指的認命，不是要你
屈服於自己的命運，而是能夠明白，不管你如何模仿別人，你
還是你，不會因此變成另外一個人。

每個人都是獨一無二的，所以，只能死心塌地做好自己，
這就是所謂的「認命」。

奧列弗・戈爾德・史密斯曾經寫過這麼一則寓言故事。

從前，有一位畫家，他的夢想是畫出一幅人人見了都會喜
歡的畫。畫家嘔心瀝血地畫完之後，就拿到市集中去展出，他
在畫的旁邊放了一支筆和一則佈告，佈告上寫著：「每一位看
過這幅畫的人，如果認為這幅畫有畫不好的地方，都可以用筆
在畫中標明記號。」

到了晚上，畫家從市集中把畫拿回家，發現整幅畫上面都
塗滿了記號，沒有一個地方不被指責。

畫家看了這個結果，對自己這次的嘗試感到十分失望。

　　畫家沒有因此洩氣，決定試試看另一種方法。於是，他又臨摹了一幅相同的畫，拿到不同的市集中展出，可是這一次，他要求每一位看過畫的人，把他認為畫得最好的地方標上記號。

　　這天晚上，當畫家拿回畫的時候，發現畫上面又被塗滿了記號，那些在上一次曾經被指責得體無完膚的地方，如今卻都被視為生花妙筆。

態度決定你的前途

　　做任何事，只要能讓一部分人滿意就夠了，因為，在有些人眼中視為醜惡的東西，在另一些人的眼裡卻可能是美麗的象徵。

　　我們在做一件事之前，經常會考慮別人的反應來決定該怎麼做，而不是按照自己的意願去行動。尤其諸如所謂「成功」、「幸福」等定義，似乎已經有了約定俗成的標準，如果沒有達到這個標準好像就是不對的。

　　弗洛伊德說過：「人們常常會有錯誤的判斷標準，他們為自己追求權力、成功和財富，而且羨慕別人擁有這些東西，因此往往低估了生活的真正價值。」

　　人生的價值應該讓自己來認定，一個只想著迎合別人，希望成為別人的人，只能在人生的路上隨波逐流，沒有辦法找出屬於自己的方向。

　　因此，認命的做自己，永遠不要想變成別人的影子！

煩惱，都是因為自己胡思亂想

如果我們在面對各種競爭時，

內心仍然可以優游自得的話，

那無論外在環境如何變遷，

我們自然就能以冷靜的態度來面對。

危機是進步的階梯

> 人生不可能隨時隨地一帆風順，一帆風順也無法讓你進步。只有當你克服危機的時候，才會出現讓你更上一層樓的階梯。

　　沒有人喜歡遇到危機，因為危機代表了許許多多的麻煩。這些麻煩一旦出現，如果處理得不好，就個人來說是捲舖蓋走路；就企業而言，小則信用受損，大則破產倒閉。

　　幾乎沒有人會給危機正面而肯定的評價，可是，危機是不是真的都是壞的呢？

　　其實，並不一定，有時危機的發生，反而會激發自己從來未曾展現過的潛能。

　　這是一個發生在日本的神奇而真實的故事。

　　有一天，一位粗心大意的年輕媽媽到街上購物，把四歲的孩子單獨留在家中。等到回家的時候，因為在住家大樓附近碰到熟人，於是就停下來和熟人聊天。

　　聊到一半的時候，這個年輕媽媽突然看到熟人露出驚愕的眼光，她連忙回頭一看，才發現自己家十二樓的窗子是開著的，而四歲的孩子正爬在窗台上向媽媽招手！

年輕媽媽還來不及叫小孩趕快離開，孩子已經一不小心從窗台上失足掉了下來。

年輕媽媽連驚叫的時間都沒有，隨即丟下手中的東西，不顧一切的向孩子落下的方向奔去。

就在孩子快要落地的瞬間，年輕媽媽穩穩地接住了孩子，而這個媽媽所穿的，還是最不方便活動的窄裙和高跟鞋！

事後，某家電視台為此做過一次模擬實驗，從十二樓的窗口扔下一個枕頭，讓最身手最靈活的消防隊員從相同的距離跑過來抱住枕頭。

消防隊員試了很多次，和枕頭的距離卻始終差得很遠。

態度決定你的前途

因為沒有危難刺激腎上腺，激發體內蘊藏的潛能，所以優秀的消防員也比不上一個年輕母親，由此可見，只要不是危急、災難，危機的出現，並不一定是壞事。

如果個人工作出現了危機，我們可以藉處理危機增強自己的能力，也因此得到一個寶貴經驗。要是企業出現危機，在調整經營策略和方針的過程中，也未嘗不能發現新的商機。

從正面的角度來看待危機，不就是增強自己的「危機處理」能力嗎？

人生不可能隨時隨地一帆風順，一帆風順也無法讓你進步。只有當你克服危機的時候，才會出現讓你更上一層樓的階梯。

適度吝嗇，有何不可？

如果你清楚自己的目標，在完成目標之前，要是有人以吝嗇來嘲笑你，你大可以理直氣壯的承認：沒錯，我就是「吝嗇」！

在一般人的認知裡，「吝嗇」代表著小氣、斤斤計較、不好相處……等，都是負面的印象，幾乎不會有人認爲吝嗇也是有好處的。

但是，吝嗇是不是真的那麼不好？看過了下面的故事之後，相信你對吝嗇的定義，會有一番不同的看法。

居禮夫人和居禮先生結婚的時候，夫妻兩人住的房子裡，只有兩把椅子，兩個人正好一人一把。

居禮先生覺得只有兩把椅子未免太少了，便建議居禮夫人多買幾把椅子，這樣一來，如果有客人來了，才方便招待，讓客人多坐一會。

居禮夫人聽了，搖搖頭對居禮先生說：「多買幾把椅子是沒有關係，可是，如果椅子多了，客人留在家裡面的時間就會長了。我們爲了招待客人，勢必會浪費很多時間。爲了我們的研究工作著想，還是只要兩把椅子就夠了。」

　　就這樣過了幾年，這對沒有給自己的房子增加一把椅子的年輕夫婦，卻給化學界增加了兩種嶄新的化學元素——釙和鐳。

　　到了一九三三年，居禮夫人的名望已經是如日中天，薪水也已經增加到一年四萬法郎。

　　雖然居禮夫人已經有能力過富裕的生活，但是她依然「吝嗇」如昔。

　　每次從國外回來，她總會帶回一些國外首長宴請她的菜單。因為，這些菜單都是用很厚很好的紙張印製的，在這些紙張的背面書寫物理、數學算式都非常好用。

　　除此之外，居禮夫人的一件毛料大衣可以穿二十年之久，而且她毫不介意。有人因此形容居禮夫人「一直到死，還像一個忙碌的貧窮婦人」。

　　有一次，一位美國記者為了訪問居禮夫人這位著名學者，特地來到她居住的小鎮。

　　這位記者向一位低著頭、赤著腳坐在一幢房子門口石板上的婦人打聽居禮夫人的住所時，當這位婦人抬起頭，記者不禁大吃一驚，原來這個看起來毫不起眼的婦人，就是居禮夫人！

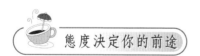

態度決定你的前途

　　其實，居禮夫人並不是吝嗇，只是因為她很清楚自己的目標是什麼，為了不浪費額外的時間在她不重視的瑣事上，才會讓其他人誤以為居禮夫人很「吝嗇」。

　　居禮夫人的故事，讓「吝嗇」有了截然不同的意義。她不買新的椅子，是不想被別人打擾她的研究；她使用菜單的背面

來計算，是爲了節省書寫的力氣，好用來做其他的事；她一件衣服穿二十年，是因爲她覺得她的頭腦比外表重要，與其花時間裝扮自己，不如用這些時間讓自己做更多的發明貢獻。

由此可知，任何事物都具備正反兩面的意義，要呈現哪一方面的意義，完全操控在你的行爲。

居禮夫人用她的行動推翻了吝嗇給人的負面印象，如果你像居禮夫人一樣清楚自己的目標，在完成目標之前，要是有人以吝嗇來嘲笑你，你大可以理直氣壯的承認：沒錯，我就是「吝嗇」！

自然，是美麗的最高境界

 美麗的最高境界就是自然，濃妝豔抹給人的
印象，遠不如清新自然來得討人喜歡。

　　每個人多多少少都會對自己的外表感到不滿意，尤其是女性，對外貌斤斤計較的程度，由媒體上花樣百出的各種塑身廣告、美容產品等就可以窺知一二。

　　當然，愛美是人共通的天性，但不是每個人都懂得用對的方法讓自己更美，否則也不會有這麼多弄巧成拙的新聞出現。

　　某家唱片公司傾全力要塑造出一位年輕的偶像男歌手，除了進行長期歌唱技巧訓練之外，還安排了服裝儀容訓練、說話技巧訓練等各式各樣的課程，希望能夠讓這位新人一砲而紅，成為耀眼的明日之星。

　　經過長期的訓練，這個新人果然脫離原本的青澀稚嫩，才剛出道，上電視節目宣傳時說起話來不但頭頭是道、有條有理，不遜於主持人，服裝造型也沒有絲毫瑕疵，歌唱技巧更是無懈可擊。這麼完美、搶眼的新人，自然會受到媒體的注意。可是，奇怪的是，唱片公司努力了兩年，耗費了許多成本訓練出的新

人，卻始終沒有成為一鳴驚人的偶像。

唱片公司高層開了許多會，還是百思不解新人沒有辦法成為偶像的原因，於是，決定請一位知名的形象專家重新來為新人塑造形象。專家一出手，情況果然就大不相同，才短短幾個月，新人就成為紅遍大街小巷的超級偶像。

專家讓新人翻身的方法非常簡單，首先，專家不但沒有再繼續訓練新人，反而還停止了一些沒有必要的訓練課程，外表的造型也由原來的光鮮亮麗恢復平凡。

專家儘量拿掉新人的外在包裝，並且要求新人恢復大男孩原本該有的青澀模樣，不要故作成熟穩重。專家對新人說，就算回答問題時講話結巴也沒有關係。

就這樣，新人去除了多餘的包裝，在遇到敏感的問題還會臉紅的模樣，深受歌迷們喜愛，而說起話來欲言又止的樣子更是讓歌迷們心動。很快的，新人果然不負唱片公司所望，成為眾所矚目的偶像。

態度決定你的前途

美麗的最高境界就是自然，濃妝豔抹給人的印象，遠不如清新自然來得討人喜歡。

就算是整形，也沒有人希望整形後的結果會看起來很假，可見每個人心目中對美的看法，還是以自然為基礎。

其實，所謂的自然，簡單的說就是「適合自己」。只要能找出最適合你的裝扮，專屬於你個人的美就會自然散發出來。這種自然美，才是別人無論如何也模仿不來的。

煩惱，都是因為自己胡思亂想

如果我們在面對各種競爭時，內心仍然可以
優游自得的話，那無論外在環境如何變遷，
我們自然就能以冷靜的態度來面對。

現代人最大的煩惱，就是「煩惱太多」。

現代社會競爭激烈，幾乎從一出生開始，就必須面對競爭。
小時候是學業成績的競爭，出了社會是工作競爭，等年紀大了，
又爲了自己的孩子而要與別人競爭。

由這些競爭衍生出來的煩惱，自然就不勝枚舉了。

以下這個故事，或許會給你一些啓示。

有一個小沙彌正在學習如何入定，可是每一次他快要入定
時，旁邊都會出現一隻大蜘蛛來搗亂，讓他沒辦法專心。小沙
彌在無可奈何之下，只好請教老和尚。

小沙彌對老和尚說：「師父，我每次要入定時，都會有一
隻大蜘蛛出來搗亂，趕也趕不走，該怎麼辦呢？」

老和尚回答：「這樣吧，你下次準備入定時，先準備一枝
筆拿在手上。如果大蜘蛛再出來搗亂，你就在蜘蛛的肚皮上畫
一個圈，看看到底是什麼妖怪在擾亂你？」

小沙彌遵照老和尚的囑咐，準備一枝筆拿在手上。

等到準備入定時，大蜘蛛果然又出現了，小沙彌馬上拿起筆在蜘蛛的肚皮上畫了個圈圈。

沒想到才畫好，大蜘蛛就不見了，因為沒了大蜘蛛，所以小沙彌能夠安心入定，再也沒有被干擾。

過了好長一會，小沙彌結束入定，睜開眼睛一看，赫然發現原來畫在大蜘蛛肚皮上的那個圓圈，竟然出現在自己的肚皮上！

這時候，小沙彌才明白，原來一直在入定時擾亂自己的蜘蛛，不是來自外界，而是源自於自己的思想。

從此，他對修行才有了更高境界的領悟。

態度決定你的前途

小沙彌的困擾來自於自己，這也說明了我們絕大部分的煩惱，都是自己的胡思亂想。

有一句話說：「天下本無事，庸人自擾之」，世界上的事往往就是這樣，外在環境會產生變化是自然的，就像激烈的競爭，是因為社會飛速進步的關係一樣。

真正會產生決定性因素的，反而是我們內心的想法。

如果我們在面對各種競爭時，內心仍然可以優游自得的話，那無論外在環境如何變遷，我們自然就能以冷靜的態度來面對，不該有的煩惱也因此而減少許多。

充滿熱忱就是快樂的法門

快樂的條件不在金錢多寡，不在外表是否漂
亮，也不在頭腦是否精明。快樂的真諦，在
於擁有理想和希望。

快樂的定義有很多，根據世俗的定義，快樂不外乎要有充
足的金錢、漂亮的外表或是聰明的頭腦……等等。

但是，當這些東西你都有了，是不是就一定會快樂呢？

大家都知道希爾頓飯店是世界知名的連鎖飯店，可是卻很
少人知道，希爾頓飯店的創辦者肯那特‧尼柯爾森‧希爾頓是
直到三十一歲的時候，才下定決心經營旅館的。

在這之前，希爾頓做過許多不同的工作，也因為這些工作，
使他累積了各式各樣的經驗，成為日後經營飯店時最重要的參
考。

除了經驗之外，行銷學者觀察出希爾頓另一個成功的要素，
就是隨時隨地讓自己保持熱忱。

希爾頓曾經說過，只要讓自己樂在工作，熱忱自然而然就會
跟著出現，因為快樂能讓自己的身心保持年輕狀態，而充滿著熱
忱。

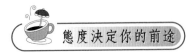

態度決定你的前途

一個老邁且孤獨的富翁，不會比一對為子女勞碌的貧窮夫妻來得快樂；同樣的，一個嬌生慣養，從小到大養尊處優的青年，不見得會比一個獨立自主的青年來得快樂。

由此可知，一個沒有未來的人，或是不知道未來在哪裡的人，是很難得到真正的快樂的。

就像希爾頓一樣，即使在三十一歲才決定開創自己的事業，也因為具備快樂的特質，讓自己的事業能夠成功。

可見快樂的條件不在金錢多寡，不在外表是否漂亮，也不在頭腦是否精明。

快樂的真諦，在於擁有理想和希望。

掙脫忙碌的假象

> 如果我們只知道忙碌工作，而不適時放鬆自
> 己的話，隨之而來的壓力總有一天會把我們
> 壓垮。

我們生活在一個緊張而且異常匆忙的時代，不管做什麼事，我們都已經習慣了匆忙的步調。

因為我們認為「時間就是金錢」，所以就算是自己的親人，我們也沒有辦法停下來關心他們。

久而久之，感覺麻木了，心靈空虛了，連最重要的工作，也會逐漸的失去意義。

古希臘時代的歷史學家希羅多德，曾經詳細紀錄過偉大的埃及國王阿馬西斯的言行舉止。

根據希羅多德的記載，每天天才剛亮，阿馬西斯國王就開始審閱從各地來的公文。

然而，一到中午，阿馬西斯國王就會停止所有正在進行的會議或者審判，整個中午都不工作，悠閒地和其他官員、軍隊將領們一起吃豐盛的午餐。

在午餐時間，大家一起講故事、說笑話、玩遊戲和痛飲麥

酒，在這個時候，君臣之間該有的禮儀都不重要了。

根希羅多德的記錄，阿馬西斯國王的行為，有時候還比大臣們還要瘋狂！

有一次，阿馬西斯國王的幕僚告訴他，有人對他的行為很不滿意，認為國王的行為應該是高尚的，這樣才能與王室尊貴的身份相配。

阿馬西斯國王聽完幕僚的話之後，說道：「弓箭手會在上戰場前將弦拉緊，等到戰爭結束後，就又會把它放鬆。因為如果不放鬆的話，弓弦就會失去彈性，等下一次弓箭手需要用它時，它就已經毫無用處了。」

希羅多德沒有在其他政事上對阿馬西斯國王有太多的著墨，但是根據歷史的記載，阿馬西斯國王統治時期，是埃及歷史上最繁盛的時期。

態度決定你的前途

如果我們只知道忙碌工作，而不適時放鬆自己的話，隨之而來的壓力總有一天會把我們壓垮。

要是我們學會在忙碌的生活中，分配出與別人交流的時間，不但能增進人際關係的和諧，我們自己也能適時得到一個喘息的機會。

現代人當然要讓忙碌成為自己生活的一部分，但不要成為全部。

訊息，是成功的彈藥

邁向成功的過程就像一場戰爭，想要打贏這場戰爭，你就不能缺少最重要的彈藥——訊息。

不論做什麼工作，充分的準備都是必須的，而所謂充分的準備，其實就是看你所掌握的訊息充不充足。

具備充分訊息，對所要做的事就一定會有深入的了解，在制定計劃時就不會像無頭蒼蠅一樣。

有一個販毒集團的成員，在遭遇警方圍捕的過程中，為求脫身，挾持了一位議員。

這個歹徒向警察宣稱自己的身上綁了炸藥，如果不聽他的指示，他就會跟議員同歸於盡。

警方不確定歹徒是不是真的像他宣稱的身上綁有炸藥，不過，警方知道這個販毒集團的成員中的確有爆破專家，為了人質的安全，只好答應歹徒的要求，派出一架直昇機將歹徒送往安全的地方。

這位議員一直遭到歹徒挾持，直到歹徒認為自己已經安全脫險了，才把議員釋放。

　　過了幾天，飽受驚嚇的議員獲釋回來了，據議員對警方說，挾持他的歹徒不但沒有炸藥，身上連槍都沒有，只有一把小刀而已。

　　就這樣，警方在訊息不足的情況下，讓一名歹徒逃逸無蹤。

態度決定你的前途

　　如果，你不事先掌握充足的訊息，就算再有把握的事，到頭來也可能因此而失敗。

　　在這個瞬息萬變的世界裡，沒有什麼是絕對不變的，這一分鐘的形勢，到了下一分鐘也許會產生天翻地覆的變化。

　　在這個時代，只有時時補充訊息，才能掌握形勢變化的關鍵，做出最好的因應對策。

　　邁向成功的過程就像一場戰爭，想要打贏這場戰爭，你就不能缺少最重要的彈藥──訊息。

用誠心讓自己反敗為勝

有了決心、耐心和苦心，再加上鍥而不捨的
誠心，就能讓自己反敗為勝。

作家勞埃爾・皮科克曾說：「如果一個人經常進行積極思
維，具有積極心態，喜歡接受挑戰並應付各種麻煩事，成功便
已經開始。」

確實，心態消極的人很難成就大事，想開創璀璨的未來，
你必須改變自己應對事物的態度，用積極樂觀的心態迎向各種
挑戰。

有一家工業用設備製造公司，準備向國外的一個知名廠商
銷售他們最新研發的工業設備。

負責這件案子的，是公司因為表現優異而頗受矚目的新人
小王。

小王為了不辜負公司的器重，自然卯足了勁，全力以赴要
做成這筆生意。雙方在接洽的過程中原本進行得非常順利，只
是在觸及到價格問題時，雙方出現了爭執。

站在小王和公司的立場，花了那麼多心血和資金才研發出

來的設備，自然希望能賣到一個好價錢。

可是，對方的業務員在看到報價的時候，認爲小王的出價「至少貴了三成」，也就是說如果不降價的話，他們就不會購買。

小王因此陷入了兩難的局面，如果降價，自己的公司獲利就會降低，如果不降價，就談不成這筆生意。

小王將談判的經過詳細跟公司報告，公司方面爲了避免損失，便要小王停止這筆生意。

可是小王卻不這麼想，他認爲對方公司之所以會開出這樣刁難的條件，一定有別的原因，而且都已經談到價格方面的問題了，就這樣放棄，未免太可惜了。

當小王把他的想法跟公司報告後，公司決定讓小王全權負責。

當小王去見對方公司業務員，並表明願意降價三成的時候，對方反而對小王的舉動感到驚訝。

小王跟對方業務員說：「我們非常有誠意想跟貴公司合作，所以才願意做這麼大的讓步，請給我們一次機會。」

對方業務員並沒有把小王的話放在心上，但是小王仍然不死心，每天都到對方公司去報到，就算被找藉口婉拒，小王還是天天去拜訪。

就這樣，小王的誠心讓對方業務員的態度軟化了，公司方面也因此願意跟小王簽約。

在簽約的時候，對方這才跟小王說：「其實，我們原本打算跟別的公司簽約，因此才故意刁難你們。可是，你既然沒有因此知難而退，所以我們願意跟你合作。」

態度決定你的前途

當談判的過程陷入僵局的時候，有三種方法可以打破僵局，重新挽回和對方的關係。

這三種方法很簡單，就是：決心、耐心、苦心。

因為有決心，所以才有堅持的毅力。

因為有耐心，所以才不會退縮。

因為有苦心，才會下苦工修正讓對方感到不滿意的地方，直到對方滿意為止。

有了決心、耐心和苦心，再加上鍥而不捨的誠心，往往就能讓自己反敗為勝。

為自己製造貴人

當你身邊環繞的都是因你而成功的人時，

你成功的機會還會少嗎？

在成為別人貴人的同時，

也正是為自己製造了一個貴人。

為自己製造貴人

當你身邊環繞的都是因你而成功的人時，你成功的機會還會少嗎？在成為別人貴人的同時，也正是為自己製造了一個貴人。

在我們的周遭隨時都可能遇見貴人，也可能隨時遇見小人。

雖然我們無法分辨誰是貴人，誰又是小人，可是卻有一個方法可以讓接近你的人都變成你的貴人。

方法很簡單，那就是：設法成為別人的貴人。

有一位哥本哈根的交通警察是自行車運動的愛好者。

這天早上，他正在市區執行勤務的時候，發現一輛自行車用飛快的速度騎過來，馬上拿出測速儀測定他的速度有沒有違反交通規則。

騎車的人根本沒發現交通警察正在測他的速度，還是保持原先的速度，甚至還越騎越快。

測速儀顯示的速度已經超過了規定，自行車騎士很明顯違規了。但是，令交通警察驚訝的是，測速儀上的速度竟然和汽車的速度不相上下！他實在不敢相信一個人可以把自行車騎得跟開車一樣快。

交通警察馬上把自行車攔下，發現騎士只是一個十五六歲的學生。

警察告訴這位學生他已經違反了交通規則，如果不說出他的學校和住址，就要對他處以重罰。

學生說自己叫斯卡斯代爾，騎快車的理由是因為上學要遲到了。警察聽了，就對這個學生說：「那麼，你先去上學吧，以後我會跟你聯繫。」

不久，這個學生的學校接到一封信，發信人來自哥本哈根最著名的自行車俱樂部，這個俱樂部曾經培養出許多優秀的自行車選手。信中內容是歡迎斯卡斯代爾參加他們的俱樂部，他們會為他提供一切必要的訓練條件，信中還夾著一張警察測定的超速罰單。

這封信讓學校有些驚訝，但他們還是鼓勵斯卡斯代爾參加自行車俱樂部。

經過了四年的訓練，斯卡斯代爾不但成為全丹麥的自行車冠軍，還躍為奧運自行車項目的金牌選手。

斯卡斯代爾也因此終身感激這個發掘他天分的交通警察。

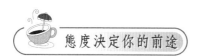
態度決定你的前途

這個交通警察其實只要開一張罰單就沒事了，可是他卻願意給一個素昧平生的學生出人頭地的機會，熱心地將他推薦給自行車俱樂部，終於讓他揚名國際。

要成為別人的貴人並不難，就看你願不願意而已。

或許有人會想，讓別人成功，不就等於是減少自己成功的

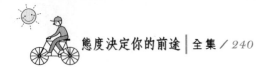

機會嗎？

其實不然。當你身邊環繞的都是因你而成功的人時，你成功的機會還會少嗎？

由此可見，在成為別人貴人的同時，也正是為自己製造了一個貴人。

要為自己的選擇負責

有的選擇題做錯了可以再重來，有的卻會使
人懊悔不已。但無論如何，都要擁有為自己
的選擇負責的勇氣。

常常有人會討論到底是愛人幸福，還是被愛幸福？其實，
這都是一種選擇方式而已。

學習如何做好自己的選擇題，並且不要怕面對錯誤的選擇。
如此一來，你就會有一個既豐富又多彩的人生。

有一個叫韋格的奧地利女孩，不但長得漂亮，還相當有藝
術的才華。

她在大學裡主修油畫，時常受到老師的肯定，因此有了開
個人畫展的念頭。

為了完成韋格的心願，她的男朋友一直在旁邊支持她，設
法要幫她籌備個人畫展。

正當兩人為經費不足而一籌莫展的時候，韋格的男朋友恰
巧看到世界小姐的選拔廣告，心想只要初賽通過就有獎金，因
此鼓勵韋格參加世界小姐選美比賽。

韋格原本只想通果初賽，沒想到不但初賽過了，還一路晉

級到了在拉斯維加斯的決賽。最後，韋格成了一九八七年的世界小姐。

當選世界小姐後，韋格從平凡的大學生，搖身一變成為眾所矚目的知名人物，榮耀和財富也隨之而來。

這時候的韋格已經不需要畫展了，連當初一直支持她的男朋友，也因為韋格忙碌的生活和眾多的追求者而跟她分手。

就在韋格的事業如日中天的時候，卻患上了克里曼特綜合症。這種病最大的危險在於會使雙眼視力逐漸衰退，直到失明，而且無藥可治。

當世界小姐可能會失明的消息經過媒體報導之後，有一位名叫帕迪的南非小男孩寄給韋格一包土，並在信中說他們家鄉的人，都用這種神奇的土來治療眼疾。

韋格不相信一包土能治好她的眼睛，但是因為連醫生都沒辦法了，只好懷著姑且一試的想法試試看。結果奇蹟出現了，這種神奇的土竟然真的把她的眼睛治好了。

眼睛恢復正常的韋格，更積極的以世界小姐的身分參與各種活動，也因為經常出入上流社會的場合，認識不少有錢人，後來還因此嫁了一個美國富翁。

可惜的是，世界小姐的頭銜雖然為她帶來了財富和地位，卻沒有為她帶來婚姻幸福的保證。

韋格的感情一直很不順利，先後結了六次婚，但卻沒有一個男人能讓她幸福。

最後，這個原本立志成為畫家的女孩，因為受不了情感的打擊，選擇自殺一途。

 態度決定你的前途

在人的一生中，會碰見大大小小、各式各樣的選擇題。有的選擇題做錯了可以再重來，有的卻會使人懊悔不已。

但無論如何，都要擁有為自己的選擇負責的勇氣，因為這是一個成熟的人必須具備的特質。

所謂的負責，是肯承擔自己選擇錯誤的後果，而不是像韋格一樣，因為錯誤的選擇而結束自己的生命。

畢竟，錯誤也是讓我們成長的機會，就這樣結束生命不是太傻了嗎？

父母的心，是從不上鎖的門

> 為人子女者，只要能讓父母天天都過父親
> 節、母親節，對父母而言，就是世界上最珍
> 貴的禮物了。

不論是達官顯貴還是市井小民，一旦面對著自己的子女，他們的身分就只有一種，那就是父母。

再顯赫的身分地位，只要一卸下這層社會的外衣，就立刻成為為子女做牛做馬，無怨無悔的父母。

有一個蘇格蘭女孩，跟時下許多年輕人一樣，厭倦了枯燥乏味的學校生活和父母嚴格的管制，因此決定離開家，想要靠自己努力，實現成為大明星的願望。

這個懷抱明星夢離家的女孩，離開家沒多久，就發現原來外面的世界並沒有如她想像的那樣容易。經過多次挫折、打擊之後，女孩日漸沈淪，最後終於只能流落街頭，開始出賣肉體養活自己。

就這樣過了許多年，女孩的父親過世了，母親也漸漸老去了，可是女孩仍然在泥沼中過著醉生夢死的生活。

這段期間，女孩從來沒有和家人有連絡，可是女孩的母親

卻從來沒有放棄尋找女孩的下落。

自從女孩離開家之後，父母兩人印了許多附有全家福照片的尋人啟事到處散發、張貼。照片下面有一行手寫的字：「我們一直愛著妳，回家吧！」

有一天，女孩走進一家收容所，準備領一份免費午餐。就在她排隊的時候，視線從告示欄裡隨意掃過，忽然，她看到一張泛黃的尋人啟事，上面的照片雖然有些模糊，但是女孩還是一眼就認了出來。

女孩掙脫出擁擠的人群，站到告示欄面前，看著尋人啟事下面的字，眼淚開始掉了下來。

經過了這麼多年，女孩不奢望父母還會希望她回去，但她還是決定回家看看。女孩走到家門前的時候，心中猶豫著自己到底該不該進去，但她還是下定決心敲門。

才敲了一下，門就開了，原來門並沒有鎖。

女孩遲疑地走進家門，望著在廚房的母親年邁的背影，輕輕的喊了一聲：「媽！」

母親回過頭來，看見離家出走的女兒終於回來了，兩人緊緊地相擁而泣，母親泣不成聲地說：「從妳離開家之後，這扇門就再也沒有上鎖，因為我知道妳一定會回來的！」

態度決定你的前途

對父母親來說，子女永遠是他們一生最大的快樂和滿足，也是一生最甜蜜的負荷。

但在現代的社會中，子女對父母親的情感卻越來越疏離冷

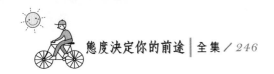

漠。很多子女以爲在父親節或母親節等節日送送禮物就算是孝順，其實，節日的目的是爲了給平時不善於表達的人，一個表達真心的機會，可是卻演變成只重形式的結果。

爲人子女者，只要能讓父母天天都過父親節、母親節，對父母而言，就是世界上最珍貴的禮物了。

有肚量才不會消化不良

與其把那些不愉快的情緒硬往肚子裡吞，不如學會將這些情緒消化成屬於自己的養分。

在工作場合中，你總是會碰到一些怎麼樣都跟自己合不來的人，不是這個人的個性讓你不敢領教，就是那個人老愛跟你唱反調……等等。

這些人也許是你的同事，也許是你的客戶，或者是你的老闆。為了保住自己的飯碗，你只好硬著頭皮笑臉迎人，把厭惡的情緒硬「吞」進肚子裡。

但是，這樣的處理方式，不但解決不了問題，只會讓自己「消化不良」而已。

有一個家庭，在父親去世之後，從人壽保險公司獲得了一萬美元的理賠。母親想用這筆錢讓全家搬離貧民區，住進一棟有花園的房子；女兒則想利用剩下的錢，實現去醫學院讀書的夢想。

這時，兒子卻提出要求，希望拿這筆錢和朋友一起開創事業。他告訴母親，這筆錢可以使他成功，這樣一來，他不但能讓母親實現住進花園洋房的夢想，也能讓妹妹進入醫學院讀書。

兒子信誓旦旦地向母親和妹妹保證自己一定會成功，儘管妹妹對哥哥的計劃抱持疑慮，但是母親為了支持自己的兒子，雖然感到不安，還是把錢交給兒子，還說服女兒要相信自己的哥哥。

可以想見的，兒子的理想並沒有實現，因為他的朋友一拿到錢之後隨即逃逸無蹤。

兒子見希望落了空，只能硬著頭皮請求家人原諒。

妹妹一聽說哥哥所有的錢都被騙走了，憤怒的心情可想而知，用盡每一個想得出來的字眼來責罵哥哥。

奇怪的是，母親始終坐在一旁，不發一語。

女兒好奇的問母親為什麼不生氣，母親溫和的對女兒說：「妳有沒有為妳哥哥而難過？我不是指為了失去錢而難過，而是為了你哥哥所經歷的遭遇而難過。當一個人把事情做得很完美的時候，被稱讚或喜愛是天經地義的，可是，如果當一個人做錯事的時候，妳還依然喜愛他，那才是真正的寬宏大量。」

態度決定你的前途

就跟故事中的母親對女兒的訓誡一樣，當一個人能力很強，個性也很好的時候，你和他相處愉快是很自然的。

只有在這個人處處讓你看不順眼的時候，你依然能和他相處愉快，這才是了不起的本事。

因此，與其把那些不愉快的情緒硬往肚子裡吞，不如學會讓自己的「肚子」轉變為「肚量」。

將這些情緒消化成屬於自己的養分，不是更好？

相信經驗，當心被騙

一直在有限的範圍內打轉其實是很可怕的，
會讓自己陷入自以為是的陷阱裡，久而久
之，想法也會跟著僵化。

一盆水如果沒有人去動它，長期不流動的結果，不是發臭就是蒸發得無影無蹤。

想要讓這盆水發生作用，需要靠有人將它拿去洗衣服或是澆花，讓它在自然界循環，才能發揮最大的效益。

人的經驗就跟一盆水一樣，如果沒有外來的動力補充，那不管多豐富的經驗，都跟一盆死水沒什麼不同。

有一個登山隊準備攀登一座雪峰，這個登山隊充滿了雄心壯志，想把他們的腳印留在雪峰的峰頂，成為不可抹滅的紀錄。

為了達成這個目標，登山隊花了很多時間在登山前的訓練和準備上，不論是食品、藥品或其他登山器材全部一應俱全。

登山隊準備攻頂，在做最後的確認時，有一位專家提醒所有的隊員，別忘了多帶幾根鋼針。

因為在寒冷的雪山上面，煤氣爐的噴嘴受到氣溫和氣壓的影響，非常容易堵塞，因此需要用鋼針來疏通，保持噴嘴的暢

通。

鋼針由一位資深的隊員負責攜帶，但是這個隊員並沒有聽從專家的忠告，認為憑著自己豐富的登山經驗，帶一根鋼針就綽綽有餘了，帶那麼多鋼針，只是徒然增加不必要的負擔而已。

遺憾的是，這支登山隊最後並沒有完成他們的心願，將足跡留在山頂，而且所有的登山隊員，沒有一個人生還。

造成悲劇的原因，就出在鋼針上。唯一的一根鋼針在使用的時候，因為使用不當而不小心斷了。

由於只帶了一根鋼針，又找不到別的替代品，煤氣爐無法使用，整個登山隊無法補充熱量，最後全部陷入絕境。

態度決定你的前途

對人生而言，經驗的確是屬於自己的寶貴財富。

但是，如果只相信自己的經驗，對他人的勸告一概加以拒絕，完全憑自己的經驗行事，有時不但不會成功，反而會把事情搞砸，甚至會因此造成無法挽回的損失。

由此可知，一個人即使擁有再豐富的經驗，還是需要不斷吸取別人的經驗當作輔助。

因為，個人的經驗畢竟有限，而且會陷入重複的循環當中。

一直在有限的範圍內打轉，其實是很可怕的一件事，這樣累積而來的「經驗」，只會讓自己陷入自以為是的陷阱裡，久而久之，想法和做法也會跟著僵化。

經驗的累積是要靠時間的，想要縮短這段時間最好的辦法，就是同時吸取別人的寶貴經驗。

別讓腦袋長滿青苔

唯有讓你的頭腦成為一顆滾動的石頭，時時充滿創意，你才不會被時代的洪流淘汰。

我們常常會聽到周圍的朋友或同事在遇到比較困難的事情時，第一句話大部分都是：「我做不到。」

當然，因為我們不是超人，所以有做不到的事情是必然的。

但是，有很多時候，我們做不到的原因，不是我們不會做，而是因為每天只做相同的事情。

這種一再重複的生活模式造成我們的錯覺，一遇到自己不熟悉的事情，就以為我們真的做不到。

如果一隻狼要帶好幾隻小狼過河的話，牠會怎麼做呢？

以一般常識來判斷，我們會認為，狼一定會把小狼一隻一隻叼過去，但是，事實並不是如此。

動物學家告訴我們，狼為了怕小狼在渡河時受到攻擊或傷害，牠會先咬死一隻動物，然後向這隻動物的胃吹氣，讓這隻動物成為一個充滿空氣的氣囊，再借著這個氣囊讓全部的小狼都可以一起過河。

在動物的世界裡，狼是一種非常聰明的動物，如果讓一隻狗與一隻狼互相搏鬥，輸的那一方肯定是狗。狗與狼屬於同種的動物，牠們之間的體型也不分上下，你一定很好奇，爲什麼輸的一定是狗呢？

動物學家曾經就這個問題，對狼和狗進行長期而仔細的研究。研究結果發現，經過人類長期豢養的狗，因爲不需要面臨生存的危機，所以腦容量遠遠比狼來得小。

而長期生長在野外的狼，爲了在競爭激烈的自然環境中求生存，因此牠們的大腦開發程度，是狗所比不上的。

長此以往，狼不但深具隨機應變的能力和敏銳的觀察力，生存智慧也超乎尋常動物。

態度決定你的前途

有一句英文的諺語說：「滾動的石頭不生苔。」

如果把頭腦比喻成石頭，那麼，我們就必須常常尋找新的刺激，從一成不變的生活中跳脫出來，不讓自己被固定的觀念、價值、法則困住，如此，大腦就會跟一顆一直轉動的石頭一樣，永遠保持它的光滑明亮。

唯有讓你的頭腦成爲一顆滾動的石頭，時時充滿創意，你才不會被時代的洪流淘汰。

不要讓別人的看法影響你的想法

只有當你真正明白了自己的優缺點，你才能以清楚的頭腦來分析別人看法是對是錯，使自己越來越好。

不要認為別人的看法一定就是客觀的。

如果你存在著這種觀念，就很容易受別人的想法左右，一旦別人的想法不同，就會讓你陷入無所適從的困惑中。

在一個天氣晴朗的早晨，有一隻山羊經過一片被柵欄圍住的菜園。山羊想吃柵欄裡面的白菜，在菜園外徘徊，可是柵欄做得太堅固了，使得山羊沒有辦法進去。

這個時候，太陽剛剛升起不久，山羊在不經意中看見了自己的影子，瞬間充滿了信心。

陽光把山羊的影子拖得長長的，山羊看到自己的影子這麼長，就對自己說：「我既然這麼高大，那一定可以吃到樹上結的果子。有香甜的果子可以吃，能不能吃到白菜，又有什麼關係呢？」

山羊打定主意後便離開了菜園，去尋找果樹。

好不容易，山羊發現遠處有一個到處都是果樹的果園，而

且每一棵果樹上，都結滿了又大又漂亮的果子。

山羊已經走得又累又渴，隨即朝著果園跑去。

等山羊跑到果園的時候，已經是中午了，剛好是日正當中的時候。這時，山羊看見自己的影子變得又矮又小，不禁嚇了一大跳，心想：「原來我其實這麼矮小，這樣子根本吃不到樹上的果子！還是回去吃白菜算了吧。」

於是，山羊垂頭喪氣地又跑回菜園。

等牠跑到菜園的時候，已經將近黃昏了。因為太陽已經偏西，所以山羊的影子又變得很長很長。

這時，山羊又產生信心：「我為什麼一定要回來呢？」

牠的心中非常懊惱，自言自語說：「我現在這麼高大，吃樹上的果子是絕對沒問題的啊！」

態度決定你的前途

山羊的影子就跟別人對你的看法一樣。生活的週遭會有喜歡你的人，自然也會有看你不順眼的人，每個人對你的好惡程度不同，連帶著也會影響到他們對你的看法。

要改變這種情形，除了先過濾別人對你個人的好惡，再決定是否接受他的看法之外，根本之道還是在於清楚知道自己的價值。

只有當你真正明白了自己的優缺點，你才能以清楚的頭腦來分析別人看法是對是錯，使自己越來越好。

否則，你就會跟故事中的山羊一樣，無法了解自己的真實面貌，以致進退失據，徒然惹人笑話。

12.

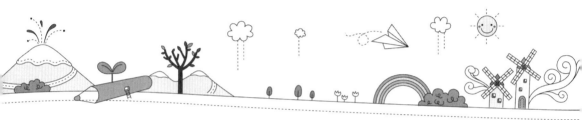

把快樂的方向盤
掌握在自己手上

真正的快樂應該發自於內心，

如果你的心是朝著快樂的方向，

那麼，不管環境如何變化，

快樂永遠掌握在你的手上。

經過磨練，才能面對挑戰

讓孩子們親自經歷生活的磨練，他們才能明白生活的精采，過多的保護傘，反而會讓他們失去生存的能力。

不論哪個年代的父母親，都希望把最好的東西給自己的孩子。尤其身為現代的父母，為了讓孩子覺得「有面子」，都盡其所能的把最好的物質享受加諸在孩子的身上。

但是，對孩子們的愛，聰明的父母應該有更多的表達方式。

美國知名的喜劇演員戴維‧布瑞納在接受電視台的訪問時，談到「家」是他一切成就的最大原動力。

布瑞納說：「從小，家境的富裕或貧困一直沒有造成我的困擾或自卑。直到我高中的畢業典禮時發生了一件事，才讓我深深感覺，原來自己和別的同學竟然存在著那麼大的差異。」

布瑞納繼續回憶說，當時班上所有的同學都穿著父母為慶祝他們畢業而送的西裝來參加畢業典禮，有些更有錢的同學甚至還開著新車來，只有他一個人仍然穿著破舊的牛仔褲和襯衫。

那個時候，他的心裡沒有一點畢業的喜悅，只覺得自己為什麼沒辦法跟別人一樣收到畢業禮物。

等畢業典禮結束，他回到家的第一件事，就是跟他父親說：「爸爸，我今天畢業了，您有畢業禮物要送給我嗎？」

布瑞納的父親沒有說話，只是看著布瑞納，從上衣口袋中取出一樣東西，然後把禮物放在他的手上，原來是一枚硬幣。

父親溫和的告訴他：「拿這枚硬幣去買一份報紙，從頭到尾看一遍，認真的給自己找一個工作，到這個世界去闖一闖。」

當布瑞納還在遲疑的時候，父親拍了拍他的肩膀，對他說：「孩子，這個世界現在已經屬於你了。」

布瑞納最後告訴記者：「那是我第一次，也是最後一次對我的家庭感到羞恥。當我按照父親的話做了之後，我才發現我父親送我的禮物不是任何名貴西裝或轎車比得上的。因為我父親給我的，是整個世界，和一片屬於我自己的天空。」

態度決定你的前途

俗話說：「與其給他魚吃，不如教他如何釣魚。」

讓孩子親自經歷生活的磨練，他們才能明白生活的精采，如果父母給予他們過多的保護傘，反而會讓他們失去生存的能力。

愛護孩子，就給孩子們正確的價值觀與生活態度。

孩子們跌倒時，別急著疼惜的上前扶起，不妨先守護在身畔，為他們加油打氣，如此一來，他們才有機會學習獨立站起，也更有能力迎向未來的每一次挑戰。

如果你學會了正確的疼愛方式，不僅孩子會有更好的未來，更會有正確的人生態度，自己也一定能享受身為父母的喜悅感。

自私的結果，往往會落在自己身上

> 既然自私是無法避免的人類天性，我們所能
> 做的，就只有將自私帶來的壞處減到最低的
> 程度。

自私自利不管在古代還是現代而言，都是一個普遍的社會現象。很多人爲了自己的利益和前途，不擇手段的打擊別人，或者對自己以外的事物不聞不問，漠不關心。

這兩種態度都是現代人自私的表現方式。

雖然有人會認爲自私是人的本性，但是以這個理由將自私的行爲合理化的結果，只會讓自己的生活陷入因爲自私而帶來的困境。

越戰結束時，有一個被徵調到越南打仗的士兵打電話給他的父母，對父母說他已經退伍，很快就可以回家跟他們團聚。

父母聽到兒子說的這個好消息，當然非常高興，在電話中表示希望他越快回家越好。

士兵告訴父母說，有一個在越南跟他一起作戰的戰友也要和他一起回來，父母聽了當然表示歡迎。

可是，士兵接著對父母說，他的這位戰友在戰爭中失掉了

一條腿和一隻手臂，所以希望父母能接納這位戰友，和他們一起共同生活。

士兵的父母聽完士兵的敘述，就告訴士兵說，雖然他們很歡迎他的戰友來家裡，可是他們沒有辦法接受跟他一起生活。

父母說，只剩下一條腿和一隻手臂的人，只會造成家人沈重的負擔，他們沒有辦法跟殘廢的人共同生活。最後，父母建議士兵要這位殘廢的戰友設法解決自己的生活問題。

士兵聽完父母的話之後，就把電話掛了。

誰知道，過了幾天，警方竟然找上門，通知士兵的父母，說他們的孩子在他們家附近自殺了。

傷心欲絕的父母趕忙前去認屍，令他們大為震驚的是：他們的孩子只有一條腿和一隻手臂！

原來，士兵在電話裡提到的在戰爭中失去一條腿和一隻手臂的戰友，就是說他自己。

態度決定你的前途

既然自私是無法避免的人類天性，我們所能做的，就只有將自私帶來的壞處減到最低的程度。

降低壞處最好的方法，就是改變我們的思考方式，不要只顧著自己的立場，也要記得換個角度替別人著想。

也許，這並不是一件容易的事，可是一旦我們能夠做到這一點，就能夠避免自私自利所帶來的傷害。

畢竟，自私自利或許會帶來暫時的好處，但那是不可能會長久的。

把快樂的方向盤掌握在自己手上

真正的快樂應該發自於內心，如果你的心是朝著快樂的方向，那麼，不管環境如何變化，快樂永遠掌握在你的手上。

現代人不快樂的原因，大部分都是源自受制於環境，沒有找到適合自己的生活方式。

尤其在經濟不景氣的時候，想要像平常一樣，依照自己的喜好過生活，更是難上加難。

然而，如果你的快樂與否，完全取決於環境的變化，那麼，你必定會離快樂越來越遠。

著名的《伊索寓言》中，有一個關於鄉下老鼠和城市老鼠的故事，頗能給我們一些啟示。

城市老鼠和鄉下老鼠是好朋友，有一天，鄉下老鼠寫了一封信給城市老鼠，信上寫著：「我誠懇地請你到鄉下來玩，這裡可享受鄉間的美景和新鮮的空氣，生活非常悠閒自在，隨時歡迎你來。」

城市老鼠接到信之後，立刻動身前往鄉下，到了鄉下，鄉下老鼠連忙拿出很多大麥和小麥等糧食招待牠。

　　城市老鼠一看，對鄉下老鼠說：「你怎麼能一直過這種生活呢？住在這裡，一天到晚只能吃些大麥、小麥而已，其他什麼也沒有！還是到我家來玩吧，我會好好招待你的。」

　　鄉下老鼠於是就好奇地跟著城市老鼠進城。

　　鄉下老鼠看到城市老鼠住在豪華的房子裡，心中不禁感到非常羨慕，他想到自己住在貧窮的鄉下，必須從早到晚都在農田上自己尋找食物，連冬天還要到寒冷的雪地上收集糧食，和城市老鼠比起來，鄉下的生活實在太不好了。

　　城市老鼠帶著鄉下老鼠到餐桌上享受美味的食物，就在他們吃得津津有味的時候，「砰」的一聲，有人開門走了進來。

　　兩隻老鼠嚇了一大跳，馬上驚慌失措地溜進牆角的洞裡，鄉下老鼠還因此嚇得沒有了食慾。

　　看到這種情形，牠就對城市老鼠說：「還是鄉下平靜的生活比較適合我，這裡雖然有豪華的房子和美味的食物，但與其每天都緊張兮兮怕被人發現，倒不如回鄉下吃麥子還比較快樂。」

　　鄉下老鼠就這樣離開都市，回鄉下去了。

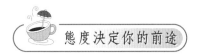

態度決定你的前途

　　故事中的兩隻老鼠，必須生活在自己熟悉的環境中才會覺得快樂，這表示他們的快樂受制於環境，一旦環境發生了變化，心境馬上受到影響，因此算不上真正的快樂。

　　真正的快樂應該發自內心，如果你的心是朝著快樂的方向，那麼，不管環境如何變化，快樂的方向盤永遠掌握在你的手上。

　　掌握自己的心靈方向，得到的快樂才會長久。

不要活得像不見天日的土撥鼠

不要讓自己活得像一隻不見天日的土撥鼠，
這樣一來，不但你不會覺得生活無趣，也會
提升自己的工作效率。

常常有人抱怨自己的生活了無樂趣，其實，生活週遭存在著很多美好的事物，只是因為我們太過忙碌，沒有時間停下來好好欣賞而已。

長此以往，我們的生命自然只剩下一個空空洞洞的軀殼，只會跟隨著時間而移動、打轉而已。

一個春光明媚的早晨，一隻小鳥正在樹枝上引吭高歌，森林裡到處迴盪著小鳥清脆甜美的歌聲。

就在這個時候，一隻正在地底下埋頭挖洞的土撥鼠，很不耐煩地從土裡探出頭，大聲對小鳥說：「喂，你能不能不要再唱了，你不覺得你的歌聲很吵嗎？」

小鳥停止了唱歌，回答土撥鼠：「我為什麼不能唱歌呢？你看，森林的空氣是多麼新鮮，春天的景色這麼優美，陽光又這麼燦爛。生活在這個可愛的世界裡，我實在無法不用歌聲來表達我心中的喜悅啊！」

「是嗎？」土撥鼠充滿懷疑問：「這個世界會可愛？根本不可能，你不要騙我！我挖遍了世界各地的土壤，只發現了草根和蚯蚓而已，我沒有看過除此之外的其他東西。真的，這個世界沒有你說的那麼好。」

小鳥對土撥鼠說：「那是因為你一直都躲在地底，從來沒有上來看看這個世界。只要你願意爬到地面，看到美麗的大自然景色，呼吸一下新鮮的空氣，你就會認同我的話，這個世界是非常美好的！」

態度決定你的前途

工作是生命的一部分，但不會是全部。所以，當你像土撥鼠鎮日埋首工作的時候，別忘了偶爾給自己放個假。

在密密麻麻的行程裡，為自己留一點自由呼吸的時間，不要讓自己活得像一隻不見天日的土撥鼠。

這樣一來，不但你不會覺得生活無趣，也會提升自己的工作效率，日子會變得更充實。

不要讓「精明」蒙蔽自己的眼睛

精明的人反而容易吃虧，是因為精明的人太相信自己的判斷，總認為所有的事情都會隨著他們所預料的情形發展。

精明不是一件壞事，只要不要讓「精明」蒙蔽了自己，精明就能成為保護自己的一個最好方式。

著名的安徒生童話裡，就有一則叫《老頭子總是不會錯》的童話故事，告訴我們自以為精明的人最後總是吃虧。

有一對貧窮的老夫妻，想把家中惟一值錢的一匹馬拉到市場上去變賣，換些更有用的東西回來。

老先生牽著馬去市場，先跟別人換了一條母牛，然後用母牛去換了一頭羊，再用羊換來一隻鵝，又用鵝換了一隻母雞……，換到最後，得到的卻是一大袋的爛蘋果。

但是，每一次的交換，老先生都覺得很值得。

當老先生扛著一個大袋子來到一家小酒館休息時，遇上兩個商人。

兩個商人聽了老先生用馬換爛蘋果的經過之後，不由得哈哈大笑，幸災樂禍地說他回去一定會被他的太太痛罵一頓，但

是，老先生堅持他的太太絕對不會這樣對待他。

於是，商人就用一袋金幣作賭注跟老先生打賭，對老先生說如果他回家沒有受到太太任何責備，這袋金幣就屬於他的。老先生同意了，於是這兩個商人就跟著老先生一起回家。

老太太見老先生回來了非常高興，又是倒茶又是遞毛巾的。老先生便把在市場上交換的經過，一字不漏的講給老太太聽。

令商人驚訝的是，老太太每一次聽到老先生換的東西時，總是非常肯定老先生的選擇。

說到換了一頭母牛，老太太就說：「哦，我們有牛奶喝了」；說到換了一頭羊，老太太就說：「羊奶也很好喝」；說到換了一隻鵝，老太太就說：「我們會有漂亮的鵝毛！」

不論換到什麼東西，老太太都是一副非常高興的樣子。最後，老太太聽說老先生背回一袋開始腐爛的蘋果時，老太太依然很高興的大聲對老先生說：「我們今天晚上有蘋果餡餅可以吃了！」

就這樣，兩個商人輸給老先生一袋金幣。

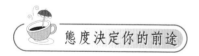

態度決定你的前途

每個人的價值觀會因為成長的環境而有所不同，不能因為別人的價值觀跟你不一樣就因此加以否定，也不要嘲笑那些價值觀跟你不同的人。

否則，下場也許會跟那兩個自以為精明的商人一樣，成為真正吃虧的人。

精明的人反而容易吃虧，是因為精明的人太相信自己的判

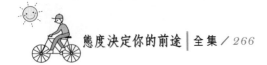

斷，習慣用自己去度量別人，總認為所有的事情都會隨著他們所預料的情形發展。可是，現實世界中，事情的發展卻往往不像精明的人預期的那樣。

　　如果兩個商人願意相信世界上有像這對老夫婦一樣不去計較的人，他們就不會因此輸掉一袋金幣了。

真正厲害的人，不會說自己很厲害

外表的華麗一旦失去了內在的支持，它崩壞的速度，就只在剎那間而已。

在我們週遭的環境充斥著一種現象：越是外表光鮮亮麗的人，內心越是平凡無奇，而有些外表不起眼的人，內在的智慧卻相當豐富。

雖然這個現象不一定是一條定理，但是為了不要讓自己陷入「以貌取人」的窘境，在評斷一個人的時候，還是不要以第一印象來做決定。

喬治的父親是個很平凡的人，一隻腳還有點跛，所以喬治總是想不透，為什麼母親會跟這樣一個毫無優點的人結婚？

有一回，學校舉行籃球比賽，因為這是喬治的第一場比賽，因此希望母親能來看他打球。母親聽了，就對喬治說她跟父親兩人都會出席。

喬治連忙搖搖頭，向母親表示自己不希望父親參加。

母親很驚訝，便問喬治為什麼。

喬治有點不悅地回答說，他不希望同學知道父親是個有缺

陷的人。

母親聽了很生氣，正準備要教訓喬治時，父親正好走過來對他們說，這幾天他要出差，所以沒辦法去看喬治比賽。

母親聽了父親的話，只能深深地嘆了一口氣。

後來，喬治的球隊不負眾望獲得了冠軍，在回家的路上，母親很高興地對喬治說，要是他父親知道了這個消息，一定會很高興。

原本興高采烈的喬治，聽完母親的話，臉色卻沈了下來，對母親說他不希望提到父親。

母親的臉色開始凝重，對喬治說：「孩子，這話我本來不想說的，可是，我如果再隱瞞下去，很可能就會傷害到你的父親。你知道你父親的腿是怎麼跛的嗎？」

喬治搖搖頭，表示不知情。

母親說：「在你兩歲的時候，你父親帶你去公園玩。在回家的路上，有一輛汽車急馳而來，你父親為了保護你，左腿因而被車輪輾過。」

喬治聽完，頓時呆住了。

母親嘆了口氣：「你父親不讓我告訴你，就是不希望你因為這件事而感到內疚。」

喬治被這個突如其來的消息震驚得說不出話。母親接著又說：「還有一件事你也不知道，你的父親就是布萊特，那個你最喜歡的作家。」

喬治更加驚訝了，母親說：「你父親不讓我告訴你這些，是怕影響你的成長。現在你既然知道了，你就應該了解，你父親是多了不起的人。」

喬治萬萬沒有想到，一直以來總是讓自己抬不起頭的父親，竟然會是這麼有名的人物。

態度決定你的前途

真正了不起的人，因為明白而且肯定自己的價值，所以不會用身外之物來包裝自己，至於那些粗俗、膚淺的人正好相反，為了贏得別人的青睞，往往刻意把自己包裝得光鮮亮麗。

如果你不明白這一點，很容易會被外在的矯飾迷惑，看不出誰才是真正值得你仿效的對象。

畢竟，外表的華麗一旦失去了內在的支持，它崩壞的速度，就只在剎那間而已。

讓愛成為自己的力量

只有不斷發揮這股愛的力量，讓周遭的人和
自己不斷交流，我們才能生活得更自在、更
從容。

人之所以能存在於這個世界上，是因為與其他動物相比，
受到哺育和保護的時間要長得多。

也就是說，一個人終其一生，都會受到各種不同人對我們
的疼愛及照顧。因為有這些支持，所以我們才能生存得比其他
動物要好。

考苦學家曾在龐貝古城的遺跡中，挖掘出一對連結成一體
的骨骸。

經過科學家的研究，發現這對骨骸是一對母子，母親的身
體緊緊抱住懷中的孩子。想必是因為火山突然爆發，來不及帶
著孩子逃出，母親只好用自己的身體護住小孩，只不過，孩子
還是無法逃脫被火山熔岩吞噬的命運。

這副骸骨出土之後，引起各界不小的震撼，原來一個母親
對孩子的愛，是可以不顧一切到這個地步。這副骸骨，讓我們
見識到愛的力量。

同樣的情形，也發生在著名的沈船鐵達尼號上。

有一對老夫婦，帶著他們最心愛的小孫女一起去旅行。小孫女的天真無邪，使老夫婦的旅途更加輕鬆愉快，多了更多的歡笑。

然而，就在回家的途中，他們卻遇上了沈船的危機。從知道有危險的那一刻起，老太太就片刻不離的把活蹦亂跳的小孫女抱在懷裡。在等待救援的過程中，老先生也不停地叮嚀老太太，一定要想辦法抱著孩子逃生，不能讓孩子在生活都還沒開始的時候就失去生命。

老夫婦兩人眼看著船逐漸下沈，只有用盡平生的力氣緊緊抱住孫女嬌小的身體，一起被無情的大海吞噬。

等到老夫婦的屍體從沈船裡打撈上來時，人們驚訝地發現，老太太因為緊緊將孫女摟在懷裡，導致兩個身體已經連成一體，再也無法分開。

態度決定你的前途

時至今日，這些來自親友的疼愛及照顧，已經不再只是單純的為了生存而產生的自然法則，而是轉化成支撐我們內心的一股力量。

因為這股力量，使我們在遇到挫折、失敗之時，不管再傷心難過卻還，是可以再站起來，而且這股力量，是每個人都擁有的。

只有不斷發揮這股力量，讓周遭的人和自己不斷交流，我們才能生活得更自在、更從容。

生活講義

147

態度決定你的前途全集

作　　者　王　渡
社　　長　陳維都
藝術總監　黃聖文
編輯總監　王　凌
出 版 者　普天出版家族有限公司
　　　　　新北市汐止區康寧街 169 巷 25 號 6 樓
　　　　　TEL／(02) 26921935 (代表號)
　　　　　FAX／(02) 26959332
　　　　　E-mail：popular.press@msa.hinet.net
　　　　　http://www.popu.com.tw/
　　　　　郵政劃撥 19091443 陳維都帳戶
總 經 銷　旭昇圖書有限公司
　　　　　新北市中和區中山路二段 352 號 2F
　　　　　TEL／(02) 22451480 (代表號)
　　　　　FAX／(02) 22451479
　　　　　E-mail：s1686688@ms31.hinet.net
法律顧問　西華律師事務所・黃憲男律師
電腦排版　巨新電腦排版有限公司
印製裝訂　久裕印刷事業有限公司
出 版 日　2019 (民 108) 年 6 月第 1 版
ＩＳＢＮ◎978-986-389-628-9　　條碼 9789863896289
Copyright◎2019
Printed in Taiwan ,2019 All Rights Reserved

國家圖書館出版品預行編目資料

態度決定你的前途全集／
王渡編著.—第 1 版.—：新北市, 普天出版
民 108.06 面；公分. -（生活講義；147）
ISBN◎978-986-389-628-9（平裝）
CIP◎177.2